冠婚葬祭　静岡県の常識

静岡新聞社編

静新新書
006

はじめに

冠婚葬祭を辞書で引くと、冠は元服、婚は婚礼、葬は葬式、祭は祭祀と、人生の四大儀礼をいうとされています。元服して大人の仲間入りをし、結婚して一家の主になり、親を看取って葬式を出し、そして氏神を祀って地域の安泰を願う——いずれも、責任ある人間として社会に認めてもらう節目を祝うものだったようです。

武士階級がつくったこうした儀礼も、時を経て庶民の暮らしに浸透しながら多くの人々の手が加えられ、人と人との付き合いの形式という性格が加味されていきました。

冠婚葬祭のしきたりに、何が正しくて、何が間違っているかなどの正否はありません。なぜなら、時代に合った考え方や価値観の基に、日本人が、あるときは新たに創り出し、あるときは切り捨てながら変化させ続けてきたものだからです。

ただ、人と付き合う心の原点は、いつの時代も変わらないはずです。人生の四大儀礼に立ち戻って、社会に対して責任を果たす方法をあらためて学ぶことは大切です。

現代には必要のない約束事だと思えば、どんどん捨て去ってください。過去のしきたりに感心したら、どうぞ復活させてください。温故知新とは、古いものを踏襲することではなく、古いもののなかに新しいものを発見することです。過去からいい文化を抽出して自分なりの解釈を加え、ぜひ21世紀という新しい時代の冠婚葬祭を、自分らしく演出してほしいものです。冠婚葬祭のしきたりは一人ひとり違っていてこそ、ほんものなのですから。

でも、一人では迷ってしまう…そんな人に、ぜひ使ってほしいのがこの本です。文中に書かれているからといって、その通りにする必要はありません。一つの例として参考にしてみてください。

・Q&Aの本文は一般招待客や一般弔問客の参考になるよう、都市部やその近郊などで行われている、平均的な冠婚葬祭の式次第を基準に編集してあります。
・冠婚葬祭のしきたりは、地域によって異なるというよりも、組によって、また家によって異なります。一部の事例のみを紹介しましたが、迷ったときは、必ず自分が属する組や家の長老にやり方を尋ねてください。

目　次

目　次

第2章　冠

第3章　婚

第4章　葬

〔礼〕

金包みのマナー

Q1　祝儀袋、不祝儀袋の使ってはいけない形を教えてください。また、のし袋は使い方がどう違うのですか？

結婚の祝いには、結び切りや淡路（あわび）結びの紅白の水引きに、熨斗がついた祝儀袋を使い、蝶結びは使いません。その他の祝い事や見舞い、心づけには、結び切りではなく蝶結びの紅白の水引きを使います。

弔事には黒白で結び切りの水引きを使い、熨斗は付けません。なお、祝儀袋も不祝儀袋も、紅白の水引きを金銀にしたり、黒白を銀白にしたりするのは、中の額が高い場合です。

水引きのないのし袋は、祝儀袋を使うほどではない場合に使います。例えば「お車代」とか「御祝儀」などの心づけ、ちょっとしたお礼です。ポチ袋もあるので必要に応じて、あるいは相手に合わせて使い分けましょう。

Q2　祝儀袋、不祝儀袋はどんな風に作ったらいいですか。手作りの袋を使っては失礼にな

るのでしょうか?

不祝儀袋は、黒白か銀白あるいは銀のみの水引きを十本で結び切りにするのが一般的です。また、不祝儀の袋は左開きですが、それは三回忌までで、七回忌以降は右開きにします。祝儀袋は、結婚祝の場合、金銀か金赤、紅白の水引きを十本で結び切りにし、熨斗を付けます。その他の祝い事や見舞いなどには、紅白一本か、五本作りまたは七本作りで蝶結びにします。見舞いには熨斗をつけないので要注意。祝儀袋の場合はすべて右開きです。

水引きは左が陽、つまり尊い方にあたるので、淡い色にします。紅白なら右が紅、左が白です。

結び切りの場合、余った水引きを切り捨てるのは避け、さらに輪にするなどそのまま生かします。

熨斗や水引きには、心を込めて贈るという意味が込められているので、印刷された袋よりはむしろ手作りの方が丁寧になり、けっして失礼ではありません。

〔礼〕

Q3　祝儀、不祝儀袋の表書きはどのように書くのが礼儀でしょうか?

祝儀の場合は、上の表書きに四文字を使うのを避けます。ただし「祝　御出産」などのように字間をあければ使っても構いません。

水引きの結び目を中心にして真上と真下に、字の大きさや間隔を均一にして丁寧に書きます。上の表書きはやや大きめにした方がいいでしょう。

Q4　祝儀と不祝儀とでは、墨の濃さを変えた方がいいのでしょうか。毛筆でない場合、使うべきでないペンはありますか？

祝儀の場合は濃い墨ではっきり記しますが、不祝儀の場合は悲しみの表現として、薄い墨で文字の大きさも控えめにします。薄墨専用の筆ペンも市販されているので便利です。字体は基本的に楷書。行書、草書は略式になります。

今では受付にサインペンしかない場合もよくありますが、人生における大切な儀式なので、相手の立場になって毛筆で丁寧に書きたいものです。なお、ボールペンは事務的なので使わない方がいいでしょう。

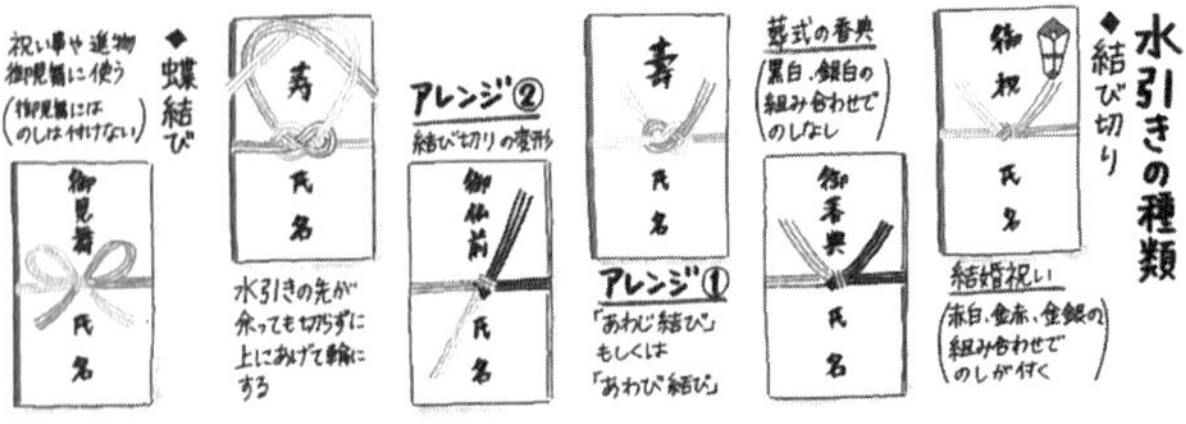

Q5　連名にする場合の書き方を教えてください。また何人までが限度でしょうか？

袋の右が上位なので、右から目上の順に名前を書きます。ただし、上の表書きに相手の名前を入れる場合は袋の左上に書くので、そのときだけは左が上位となります。

また同級生などで連名にする場合は、五十音順が無難です。

連名の表書きは三人が限度でしょう。それ以上になったら、所属団体名や代表者名を中央に書き、左下に小さく「外一同」と書きます。その場合は、袋の裏側か別紙に連名して同封するといいでしょう。

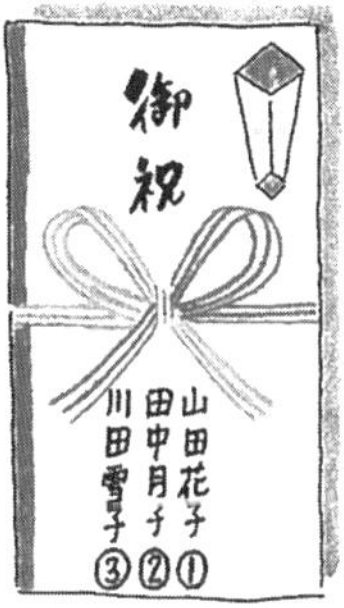

ふつうは右が上位

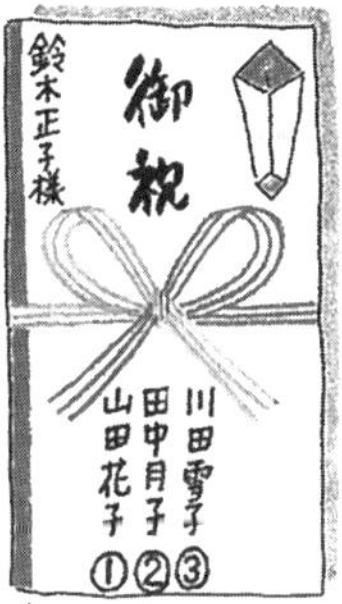

宛名を書く場合は左が上位

Q6　裏側に住所や金額などを書き入れるのは事務的な感じがして抵抗がありますが、書いた方がいいのでしょうか？

受け取った側の立場になって考えると、返礼や礼状を送るときに相手先の住所やもらった金額が一目で分からないと、とても困ります。できれば郵便番号までしっかりと明記した方がいいでしょう。ただ、金額はあまり仰々しくならないよう、控えめに書きたいものです。

また、家族に本人とあなたの関係が分かりそうもないときは、別紙に一言書き添えて同封するのも優しい心遣いです。

とにかく金包みのマナーは、受け取った側が助かるように配慮する心遣いなのです。

Q7 金包みの紙幣の入れ方や、受付での出し方を教えてください。

祝い事は前もって分かっていることなので、紙幣は新券を用意し、喜びが重なるようにと中包み（中袋）に入れます。不祝儀の場合は不意の出来事なので、新券では「待ってました」と受け取られかねないこともあり、使いません。ただし、シワや汚れのある紙幣は避けましょう。また、不祝儀には中包みは使いません。

よく不祝儀には紙幣を裏返して入れる人がいますが、その必要はありません。

受付への出し方は、相手が受け取った際に表書きが読みやすいような向きにします。つまり、自分の側からは表書きが反対になるよう差し出します。

渡すときには必ず祝いの言葉や悔やみの言葉を一言添えましょう。本来、祝儀はあらかじめ届けるのが決まりでした。現在は便宜上、式の当日に渡す場合が多くなりましたが、中包みに祝いの言葉を書き添える心遣いをしてみてはいかがでしょう。

Q8　御布施には不祝儀袋を使わないと言われましたが、市販の御布施という表書き入りの不祝儀袋を使ってしまいました。失礼なことをしていたのでしょうか。

御布施は弔意ではなく、僧侶への施しの意で、不祝儀袋は用いません。とはいえ、仏事に紅白や金銀の祝儀袋を使うわけにはいかないので、市販の袋は緑に銀などの色を配しているのだと思います。ふつうは白か、格の高い紫色を配した、水引きなしの袋を使うといいでしょう。また御布施は一度きりのことではないので、水引きを結び切りにはしません。

Q9　金包みの金額は何を目安に決めたらいいですか？

同じ職場や隣組、親戚同士で打ち合わせて決めるのが一般的です。

単独で決める場合には、数字を目安に自分にふさわしい金額を選びます。七五三といって1の次は3、5、7が縁起がいいとされ、多い場合は8や10にします。逆に2は二つに割れるといって、また4は「死」につながるので縁起が悪いと嫌われます。

例えば結婚式の御祝儀で、3万円では身分不相応なので1万円にしようと思っても、式場の格を考えると少ないのが気になる、という場合は別に「御祝」や「御餞別」を用意する方法もあります。しかし、今は数字など気にせず、2万円包む人が増えています。

不祝儀は偶数にするともいわれますが、今はほとんど気にしません。ごく一般的な関係者の場合、5千円以上は香典返しが別途必要になるので、3千円にとどめるのが遺族への心遣いにもなります。

Q10　お中元やお歳暮を包んでもらうとき、よく熨斗紙は中へつけますか、外へつけますか、と聞かれます。どちらが正しいでしょうか。

包装紙は、贈る品物が汚れないよう保護するために包むものです。厳密にいえば風呂敷や手提げ袋と同じ役目なのです。

正式には、品物に熨斗や水引きをつけて、その上から梱包します。相手の都合で、包みを置いておくのに、だれから、何の目的で贈られたものか明確にした方がいいときは、やむを得ず紙包みの上に熨斗紙をつけますが、個人的に持っていくときはなるべく内側につけるようにしましょう。

Q11　祝儀袋、不祝儀袋の表書きは必ず旧字で書くものですか。

目上の人に贈る場合や正式な場合には楷書で、旧字体を使った方がいいでしょう。ただし、結婚と長寿の祝いに限り「寿」の字を使ってもいいとされています。また親しい友人や女性に対しては、行書でも構いません。

服装のマナー

Q1　結婚式や葬式の場面で、日本の男性はほとんど黒い略礼装で統一されていますが、黒の礼服を着ないと失礼なのでしょうか？

男性の場合、結婚式、葬式ともに、近親者を除けば必ずしも黒の礼服でなくても、チャコールグレーや濃紺などのスーツで構いません。その場合、ネクタイは黒の礼服に準じて、結婚式なら銀や白を用いた無地かストライプのもの、葬式なら黒か白の無地、あるいは白黒のストライプのネクタイをしめます。

近親者も黒の礼服を選ぶ場合、既成のスタイルに統一してしまわないで、布地や襟、ボタンなどのデザインを自分の好みに合わせれば個性的になります。紋付袴姿やモーニングは大袈裟な感じがするのか、最近は着る人が少なくなりましたが、近親者にふさわしいスタイルであり、モーニングは略礼装なので気軽に着られます。

Q2　女性はお葬式のときに必ず黒の喪服を着なくてはならないのですか？

近親者以外の会葬者は、男性でも女性でも黒でなくて構いません。女性の場合、和服なら色無地の紋付に黒の帯、洋服なら落ち着いた品のいい色にします。

基本的に葬式で黒を着るというのは、弔意を意味します。服装だけでなくアクセサリーや化粧も、つけてはいけないという決まりがあるわけではなく、故人を送る遺族の気持ちを考えての心遣いが大切です。故人が好きだった色を選んで、華やかに送ってあげたいと思うのも一つの弔い方。ただ、普段着とは違う品格のある服装を心がけ、故人の冥福を祈りましょう。

Q3　教会での結婚式に、仲人が留袖を着たらおかしいのでしょうか。教会だからと洋装にしたとき、披露宴では何を着たらいいのでしょうか？

仲人夫婦の服装は、新郎新婦の衣装と格を合わせるようにします。だから、教会で花嫁がウエディングドレスだとしても、留袖は礼装で格が高いので着ることができます。例えば、地味な式にしたいからと新婦が略式のアフタヌーンドレスなどにした場合、仲人もそれに準じてスーツやアフタヌーンドレス、あるいは訪問着などを選びます。

披露宴では、洋装の場合、昼ならアフタヌーンドレス、夜ならイブニングドレスにしますが、仲人は式の当日、来賓をもてなす立場にあるので、格のある落ち着いた色調のドレスがふさわしいでしょう。肩や胸が出るようなドレスのときには、結婚式の間だけ上着を羽織るようにようにしたいものです。

Q4　披露宴やいろいろなパーティーで個性的なオシャレをしたいのですが、服装やアクセサリー、お化粧のタブーを教えてください。

披露宴では新郎新婦を、祝賀会では受賞者などの主役を祝うために出席するので、華やかさの中にも控えめな装いであることが必要です。ただし、親睦や交流を目的に開かれるようなパーティーでは、会場を華やかに盛りたてる意味で、思い切りオシャレをしてください。

洋装の場合、昼と夜ではマナーが異なります。夜は肌を出したロングドレスや光るアクセサリーが正装で、昼はふつう丈にし、肌をあまり出さないようにします。

白は無垢を表すので花嫁の色とされ、それ以外の人は着ません。バッグや靴は、いくら高価でも、爬虫類は「殺生」を意味するので祝いの席には不向きです。そういう意味では、布地のバッグや靴が一番ふさわしいといえます。

正式なパーティーは、華やかとはいえ格の高い席なので、化粧やアクセサリーも派手さよりも、質の高さで選びましょう。

Q5　神前、教会、仏前結婚式での、それぞれの正装を教えてください。

宗教による違いはありません。

近親者や仲人は、教会で留袖や色留袖、付下げ訪問着を着たり、神前や仏前でアフタヌーンドレスやイブニングドレスを着たりしても構いませんが、式場の雰囲気に合わせるのも、場を盛りたてる一つの方法です。とにかく自分の好きなものや自分に似合うもの、着慣れているものを選びます。新郎新婦を気持ちよく祝福する場なので、無理をして窮屈な思いをしていたのでは意味がありません。

Q6　血縁の濃さで和服、洋服をどう使いわけたらいいのでしょうか？

格式という点では和装、洋装での違いはありません。
実際には、女性は血縁の濃い人ほど和装が多いようです。年齢層が高ければ高いほど、地方へ行けば行くほど和服が伝統的な礼服と思われているからでしょうか
式の形式や場所、関係者の職種などから兼ね合いを考え、不安な場合は同席する年長者に意見を求めるなどして選びましょう。
結婚式で近親者が洋装にする場合は、昼なら女性はシルクなど格の高いアフタヌーンドレスで男性はモーニング、夕方から夜にかけてなら女性はイブニングドレスで男性は燕尾服にします。

Q7　お葬式のとき、故人の妻や娘は和装の喪服を着なければいけないのでしょうか?

身内でも喪服は洋装で構いません。ただ、故人のために格調ある式にしてあげたいと願うのが家族の思いやりなので、シルクなど格の高い洋服を選びましょう。
喪服は突発的に必要になるものなので、和服同様、洋服も日ごろから質の良いものを一枚用意しておくと安心です。

Q8　仏教以外の神道やキリスト教での喪服はどうしたらいいでしょう?

仏教も神道もキリスト教も、遺族は和装ならば男性が黒羽二重の五つ紋付き羽織袴、女性が五つ紋付き黒無地に黒の帯、黒の帯あげと帯じめ。洋装ならば男性はモーニングコートに黒か白のネクタイ、女性は黒のワンピースかスーツ、親戚も縁の濃さに準じて、会葬者と同じく男性は黒のスーツ、女性は黒か濃紺、濃いグレーのスーツやワンピースが適当でしょう。ただし、神式や教会では数珠を持たないので要注意。教会では女性は黒い帽子やベールを被りますが、クリスチャンでなければ特に必要ありません。

Q9　喪服でしてはいけないタブーを教えてください。

洋装の場合、黒地でもラメ入りなどの光る素材や、地紋のあるような華やかな素材は避けます。ウールやジョーゼットなど光沢のない、落ち着いた黒で装いましょう。黒でなくても落ち着いたデザインや素材ならば、むしろ華やかな黒よりも礼にかなっています。

なお、夏でも長袖にするのが正式ですが、長時間暑いところで立つことが予想されるようなときには、半袖でも構いません。たとえ長袖でも、裏地なしのジョーゼットやレース類の透ける素材は不適当です。

アクセサリーは、真珠に限られているわけでなく、光るものや華やかなものを避けて弔意を表します。口紅も赤い色をつけてはいけないことはありませんが、せめてティッシュで押さえて少しでも色を抑える心遣いが欲しいものです。

Q10　真冬のお葬式のように、屋外で長く立つようなときはどうしたらいいでしょうか？

女性の場合、黒っぽいストールを一枚用意しておくと何かと便利です。男性も大判のマフラーがあると便利です。

コートやショール類は、霊前ではずして焼香します。黒いショールは使用する頻度が極端に少なくなってしまうので、地味な色合いの日常的に遣うものを兼用しても構いません。

会食のマナー

Q1　会食のとき、同じテーブルの中で、目上の人が食べ始めてから箸をつけるものですか。また、誰を目上の人とすればいいのですか。

「お先にどうぞ」という言葉がない限りは、目上の人が食べ始めてから自分も箸をつけるようにします。上司、先輩、友人、家族など、さまざまな場面が考えられます。社会的地位や役職、学歴などを考えて判断しようとすると、だれを目上とすればいいか分からなくなります。「長幼序あり」という言葉があります。社会生活を送るうえで、どんなときも年齢の上下を目安にすれば、人間関係を円滑にすることができるでしょう。

反対に、自分が目上にあたるかどうかを常に注意し、料理を早めに取り始める気遣いを忘れないようにしましょう。

Q2　円卓の場合、目上の人の前から料理を回すようにすればいいですか。それとも、目上の人には取ってあげた方がいいですか。

必ず目上の人の前に大皿を回して取ってもらうようにします。その人が話に夢中になっていたり、食の細いお年寄りだったり、遠慮がちの人だったりしたときは、食事をスムーズに進めるために取ってあげることも必要でしょう。その場合は「お取りしましょうか」と尋ねてからにします。円卓の食事は基本的に、自分の好きなものを好きな量で食べられるところに楽しさがあるのです。

Ｑ３　会食中の雰囲気を和やかにしたいと、隣り合った人に話しかける努力をしていますが、食事中に話しかけるのはかえって迷惑ですか。

食べ物が口に入っているときに口を開けたり話したりしない、というのは基本的なマナーです。自分が食べ物を飲み込んで、口を空にしてから話しかけるのと同様、相手が食べ物を口に運んでいる最中に話しかけることは避けましょう。ただ、食事中に歓談するのは大切なこと。相手が食べているかどうか分からないときは話しかけてみて、まだ口に入っていると分かったら「申し訳ありません。どうぞ先にお召し上がりください」といって、待つ姿勢を明らかにしましょう。

ところで、ときどき口を開けたまま食べる人を見かけますが、大変見苦しい食べ方です。口を閉じて食べるよう注意してください。

Ｑ４　同じテーブルでも、隣席ではない知り合いに話しかけたいとき、隣席の人の背中越しに話すものではありませんか。

隣席の人を隔てて人と話しをするのは、隣席の人に失礼です。いくら同じテーブルで近くに座っていても、話したい時は隣席の人に「失礼します」と断って立ち、相手の席まで行くようにしましょう。

Q5　テーブルの離れた位置にある調味料やお皿などをとりたいとき、人の前に手を伸ばして取るものではないですか。

隣席の人の前に手を伸ばしてものを取るのは失礼です。人を使うようで申し訳ないような気もしますが、必ず「恐れ入りますが、コショウを取っていただけますか」などと隣席の人に頼むのが礼にかなったやり方です。頼まれた隣席の人は、もし自分の前にそれがなかったときは、さらに隣席の人に同様に頼んで回してもらいます。

Q6　食べるのが早いのは、恥ずかしいことですか。

食べるのが早いことは恥ずかしいことではありません。ただし、会食のときは、失礼になりかねません。目の前の人が料理もなくなり、手持ち無沙汰にしていたら、待たせては申し訳ないと慌てて食べなくてはならないからです。

会食の目的は食べることにあるのではなく、食事を介して楽しい時間を人と分かち合うことにあります。自分のペースで食べるのではなく、周りのペースに合わせる食事の仕方も、日ごろから自然に身につけておきたいものです。
当然、自分だけ遅く食べることにも気をつけたいものです。残すときは、ナイフとフォークを置いたり、椀のふたをするなどして、食べ終わったことを意思表示しましょう。

Q7　フォーマルな席では、残したものを持って帰るのは、はしたないですか。それとも残す方が失礼ですか。

料理を出してくれた人にとって一番うれしいことは、何といっても料理が残らずなくなっていることです。持ち帰りたいと申し出るのは、はしたないことではありません。しかし、夏場などの食べ物が傷みやすい時季は、なるべく出された料理はその場で食べてしまうようにしましょう。どうしても食べられない場合は無理をせず、火の通ったものなら係の人に持ち帰りが可能か確認してください。
ただし、フォーマルな席では持ち帰ることを気にするよりは、きれいに残すことを心掛けたいもの。残したものを器の隅に寄せたり、懐紙や紙ナプキンを小さく折ってその上に掛け、残り物を目につかなくする方法もあります。箸袋や紙ナプキンなどを含めて、席を立った後のテーブルが食べ散らかした状態にならないよう気をつけましょう。

Q8　和食の膳の基礎知識と食べ方のマナーを教えてください。

会席料理は、酒が出るときは先付、刺身、揚げ物などの順に運ばれてきますが、食事の場合は汁椀にご飯茶碗、菜として、和え物などの深鉢、煮物などの平らな皿、それに香の物の小皿が膳に並べられることが多いです。

まずはご飯茶碗のふたを取り、向かって左側へ裏返して置き、次に汁椀のふたを同様にして右側へ置きます。箸構えをしてから「ご飯に汁に菜」でも「汁にご

飯に菜」でも構わないので交互に食べますが、ご飯より先に菜に手をつけないようにしましょう。

和食の場合は何事も静かに、丁寧にすることが礼儀です。また、箸で切りにくいものは食いちぎってもいいですが、食べかけを器に戻さず、必ず食べてしまうようにしましょう。

食べ終わったらふたを元通りに戻します。箸は袋を二つに折って入れます。袋を熨斗目に結んで箸置きのようにするのは正式ではありません。茶碗を持つ手は指が開かないようにし、和食器は塗り物が多いので、ふたを重ねて置かないよう注意しましょう。

和食にはナプキンがないので、大型のハンカチを用意し、膝の上に広げるといいでしょう。また懐紙をバッグに入れておくと、残り物を持ち帰ったり、食べ残しの上にかぶせたりするのに使えるので便利です。

Q9　洋食のコースの基礎知識と食べ方のマナーを教えてください。

洋食のテーブルにつくときは、左側から入って椅子に座り、胸とテーブルの間は拳一つ入るくらい空けます。ナプキンは全部広げず、まず二つ折りにして、折り目を手前に膝の上に広げ、料理が運ばれてから全部広げましょう。

ナイフとフォークは前菜から順に外側から使い、食べ終われば皿の上に置いて一緒に片づけてもらいます。食べている最中に手を休めるときと食べ終わったときとでは、置き方が違うので注意しましょう。また、ご飯をフォークの腹にのせて食べても構いません。スプーンは先端から口へ流し込むように使いますが、幅広のソーススプーンだけは口を近づけてもいいです。

肘は張りすぎないように、スープを飲むときや食器同士があたるときは、なるべく音をたてないように気をつけましょう。

ナプキンは、中座をするときは椅子の上に置き、デザートまで膝に置いて、コーヒーになったら自然に丸めてテーブルの隅に置きます。

香水やタバコなど匂いのあるものは味を変えるので遠慮し、口紅が濃い場合は食器やナプキンにつきやすいので軽くふき取る気遣いがほしいものです。また、ナイフとフォークを手に持ったまま身振り手振りでしゃべらない、パンは食いちぎらず手でちぎる、肉や魚は全部切ると冷めてしまうので食べる分だけ切る、などに注意しましょう。

Q10　中国の円卓料理の基礎知識と食べ方のマナーを教えてください。

中国料理は日本料理や西洋料理と違って独特のマナーがあります。

円卓では、最も入り口に近い席が下座で主人が座り、その正面が上座で主客が座る席です。あとは主客を挟んで向かって右、左、の順に主人側へ下がります。

料理は大皿が基本で、必ず主客もしくは目上の人から、時計回りに回して各自で取ります。皿から料理を取ったら、取り箸やちりれんげは、皿の右横に縦に置きます。

苦手な料理は無理して取る必要はなく、隣に回します。ただし、自分の小皿に取った料理は残さないことが作法なので、少なめに取ってはお代わりをするのがコツです。

中国では、日本や西洋のように静かに、きれいに食べたりせず、食器の音をたて、大声で話し、食べ物や飲み物を平気でこぼしながら食卓を囲みます。しかし、日本には日本の習慣があるので、周りの雰囲気に合わせながら食事を楽しみましょう。

Q11　タバコのマナーを教えてください。

年々禁煙スペースが増え、タバコ好きにはとっては住みにくい世の中になりました。そんなときこそ喫煙者はカッコいいタバコの吸い方を追求して欲しいものです。

まずは、吸わない人にイヤな思いをさせないこと。そして、吸っている姿がスマートで、吸った後始末がきちっとしていること。そんなポイントを押さえれば「タバコの迷惑」は「タバコの美学」に変わります。

〈匂い〉タバコはその匂いで、食べ物の味を変えてしまいます。食事中はタバコを吸わないのが基本的な礼儀です。会食のときに吸いたくなったら、せめて同席の人たちの食事が済んでコーヒーやお茶になってから、「吸ってもよろしいでしょうか?」と断って吸うようにしましょう。どうしても吸いたければ、隣席の人に「失礼します」と断って中座をし、部屋の外で吸いますが、披露宴などでの中座はなるべく避けたいものです。

日常生活で気をつけたいのは、タバコのヤニによる匂いです。匂いは喫煙者には分からなくても、吸わない人にとっては強く感じられるもの。洋服に染みついたタバコ臭や口臭には十分気をつけましょう。

〈煙〉タバコの煙を直接吹きかけるのはもちろん失礼な行為ですが、換気のよくない部屋で煙を充満させるのも、吸わない人にとっては迷惑です。吸う前に窓を開けるとか、換気扇を回すとか、風通しのいいところに立って吸うなどして気をつけましょう。

〈吸い殻〉タバコケースやライターに凝っても、吸い殻にまで気を遣う人は少ないもの。しかし吸い殻にこそその人のセンスが表れるので注意しましょう。最近は女性の喫煙者が増えましたが、吸い口に口紅のあとが残っている吸い殻は感じがよくないです。口紅を押さえてから吸うようにしましょう。

また、吸い殻を片付けない男性は気づかないと思いますが、灰皿に消し残りがくすぶっていたり、吸い殻以外のゴミが混ざっていたり、周辺に灰がまき散らされていたりするのは、吸わない人や片付ける人にとって不愉快なものです。タバコを捨てたあと、必ずもう一度灰皿を見る癖をつけておくといいでしょう。

会食のとき、食べ終わった食器を灰皿代わりにするのはもってのほかです。テーブルに灰皿がないときは、係りの人にタバコを吸ってもいいかどうか尋ね、よければ灰皿を要求しましょう。

Q12 お酒をきれいに飲む方法を教えてください。

酒は人間同士をリラックスさせ、親交を深めるのに役立つ大切な小道具。また、飲み方次第で、その人のスタイルを印象づける、怖い存在でもあります。

座敷での宴席、友人同士で楽しむ居酒屋、目上の人に連れて行ってもらうバー。場所も飲み物も違ってはいるものの、感じのいい飲み方はどこでも同じ。まずは、自分にあった酒量を知ること。そして、自分の体調を把握することです。知らずに飲みすぎて気分が悪くなったり、足元がふらついたりしては、パートナーに迷惑を掛けるだけです。

酒は醸造酒と蒸留酒とに分けられますが、醸造酒系は脳神経を麻痺させ、蒸留酒系は脊椎を麻痺させるとか。よくカクテルを飲みすぎて足腰が立たなくなった、といわれるのは、カクテルがジンやウオッカなどの蒸留酒をベースにしているからです。

酒席に臨むときは、自分の空腹状態、自分の酒量、自分の体調を把握して、その日の飲み方をあらかじめ、頭にインプットしておきましょう。胃にはやや油分のある食べ物を、小腹がすく程度に入れておくと、悪酔いしません。

要するに、酒を飲むのにふさわしい人は、自己管理ができる大人だということです。

Q13　お酒の席でのマナーはどんなことですか。

まずは、場所柄をわきまえて飲むこと。静かで上品な本格的バーで、大声で話をする人などもってのほか。そんな店では、店内が適度にガヤガヤするように、それぞれの会話の内容がほとんど聞き取れないほどの静かな声で話しましょう。笑い方も「アハハハ」ではなく「クスクス」が上品です。

会社や仕事の話がしたければ、ほかの客から遮断された場所を選ぶべきです。また、新幹線は飛行機とは違います。バスや電車に近い公共の場なので、あまり飲酒にはふさわしくないスペースではないでしょうか。

場所柄をわきまえる飲み方ができる人は、自己管理ができる上に、他人のことまで気遣える、さらに大人ということでしょう。

Q14　お酒のグラスの持ち方を教えてください。

きれいな酒の飲み方は、グラスの持ち方次第でキマリ。どんなに美しい手をしていても、グラスを持った瞬間に台無しになる女性もいるので、要注意。

日本酒の場合は、猪口やぐい呑みを右手に持って、左手を添えて飲む、日本茶を基本にした飲み方なので、難しくはありません。

問題は洋酒。まず、グラスの種類を知って、持ち方を変えます。キリリと冷やして出してくれるカクテルは、とくに飲み物に手の温度が伝わらないようにしましょう。話しながら時間を掛けて飲みたいときは、カクテルは不向きです。

足の長いワイングラス、カクテルグラスや足の短いゴブレットは、足の部分を指でつまみ、安定が悪いので小指でコースターを押さえます。フィズやソーダ割りを入れる背の高いコップはゴブレットといいますが、これも下の方を持つと見た目がきれいです。

また、ビールや日本酒などのお酌をするときは、ラベルが上になるよう右手に持ち、左手は気取って添えるのではなく、ビンの注ぎ口が固定されるように、ビンの口を軽く乗せる程度にします。

グラスの持ち方は作法ではないので、気取らず合理性を優先して、楽しく飲みましょう。

Q15　食前酒、食中酒などには何が合いますか。

食前酒の役割は、胃を刺激して、活発に動かすこと。シェリー酒がよく飲まれますが、日本酒も合います。食中酒にはやはりワインや日本酒、ビールなどの醸造酒がいいでしょう。

食後には消化を助けるウィスキーやリキュール系、ブランデー系のショートカクテルがふさわしいようです。ただし、ブランデーは、グラスを手で包み込んで香りをたてながらゆっくり飲む、家でのリラックスタイム向きです。

言葉のマナー

Q１　「すいません」をあまり使うな、と上司に注意されたのですが、なぜですか。

まず、会話では「すいません」ではなく「すみません」といいましょう。「すみません」は謝罪の言葉です。相手をわずらわせたり、時間をとらせて悪いと思うときには「すみません」と謝りの言葉を加えますが、ご馳走になったときは「ごちそうさまでした」、親切を受けたときは「ありがとうございました」など、お礼の言葉を使うのが正しいのです。

Q２　最近お店で「千円からいただきます」とか「お代わりのほうはいかがですか」と言われることが多いのですが、これは正しい言葉遣いでしょうか。

「から」も「ほう」もまったく意味のない使い方です。

前者は、もし丁寧に言いたいのなら千円を受け取るときではなく、釣銭を渡すときに「千円から二百円をいただきました」などというべきで、受け取るときは「千円いただきます」が正しいです。

後者も「お代わりはいかがですか」が正しく、宴会などでの「山田部長のほうからご挨拶を頂戴します」という言い方も、「山田部長からご挨拶のお言葉を頂戴します」にしなければなりません。

最近は、たまたまだれかが使った言葉がそのままマニュアル化するケースが多いので、自分なりの判断が下せるよう、言葉の意味を知っておきたいものです。

Q3　よく目上の方に「ご相談申し上げる」と言っていましたが、相談する行為は自分がすることなので「ご」をつけてはいけないのでしょうか。

「お（ご）○○する」は謙譲表現です。相談するのは当方であり、へりくだった「ご相談する」は正しい言い方です。「する」の代わりに「申し上げる」とすれば、より深い謙譲表現になります。「相談にのっていただく」という言い方もあります。

Q4　「お待ち致しております」では失礼で、「お待ち申し上げております」でなければいけないのですか。

「致す」も「申し上げる」もともに「する」の謙譲語ですが、「致す」はだれに対しても使う丁寧さを表した謙譲語であり、「申し上げる」は相手に対して自分がへりくだってものを言う謙譲語なので、目上の人や他人に対する改まった言い方では「申し上げる」を使わなくてはなりません。

Q5 「よろしい」の使い方が、よく分からないのですが。

「よろしい」は「よい」の丁寧語です。丁寧語も敬語の一つなので、常に話す相手を敬っている言葉であることを忘れないようにしましょう。

「よろしいのではありませんか」と言うと、話す相手が第三者に対して行う行為を、丁寧な言葉で認めています。つまり自分より話し相手を敬い、その相手よりさらに第三者を敬った言い方です。

しかし、相手の自分に対する好意には「よろしい」は使えません。「ここに置かせていただいてよろしいでしょうか」の問いに「よろしいです」と答えては、相手より自分を敬うことになり、「置かせてやる」という許可になってしまいます。その場合は「結構です」と答えましょう。

Q6　心を伝える手紙の書き方を教えてください。

最近はパソコンを使って印刷物のような文書を簡単に作ることができます。確かに整然としていますが、心は伝わりにくいものです。私信の場合は肉筆で書きましょう。また、日本語は縦書きが正式です。

目上の人にはハガキでなく封書で送ります。また、正式な手紙は白無地の封筒を用います。色や柄のついたものは、くだけた場合にしか使いません。

字体はあまり崩さずに、一字一字丁寧に書きます。目上の人には尊敬語、自分はへりくだって謙譲語を使ってまとめます。行を変えるときは、熟語や「ありがとうございます」「お願い申し上げます」などの言い回しを途中で切らないように注意しましょう。

誤字脱字に気がついたら、面倒でも必ず書き直します。とくに相手の名前を間違えるのはとても失礼です。よく確認してから書きましょう。

封筒で気をつけたいのは、切手をまっすぐに貼ることです。そして切手や封筒の口ははがれないよう、しっかり貼ります。

宛名の字は、相手の名前、相手の住所、自分の名前、自分の住所の順に大きくします。また相手の名前の最後の字が、自分の名前の最初の字より上になるよう心掛けましょう。

Q7　贈り物に添える手紙の書き方を教えてください。

贈り物は持参するのが礼儀です。やむを得ず送る場合は、挨拶状を兼ねた送り状を出さなければなりません。荷物に同封しても、「別便にて送らさせていただきました」としてあらためて封書を出しても構いません。

品物にはよく「粗品」と使われますが、「心ばかりの」「○○のしるしに」とした方がいいでしょう。

また「お裾分け」は目上から下にくださるものなので、目上の人に対しては失礼になります。注意しましょう。

訪問のマナー

Q1　訪問を前にして、どんなことに気遣えばいいでしょう。

どんなに親しい間柄でも、訪問したいときには必ず前もって相手に都合を聞くことが大切です。突然訪ねて相手を喜ばせることもありますが、先方にどんな事情が生じているのか予測がつきません。

あらかじめ電話か手紙で「○月○日の○曜日にうかがわせていただきたいのですが、よろしいでしょうか」などと訪問の希望を伝え、日程や時間を明確にして、相手の都合に合わせます。また食事の心配をさせないように時間を設定し、食事を済ませていくとか、夕食の時間までに失礼したい旨をあらかじめ伝えておけば安心です。

約束後に都合が悪くなった場合は、なるべく早くその旨を伝え、時間に遅れる場合は、早めに電話を入れておきます。なお、勝手に人を伴って訪ねることは避けましょう。同伴者がいることやその人数は、必ず前もって知らせます。

早めに到着するほうがいいとはいえ、早すぎるのも相手に迷惑を掛けます。早くても十分前ぐらいに到着するよう心掛けましょう。

やむを得ず突然の訪問をした場合は「突然うかがいまして、誠に申し訳ありませんでした」と無礼を詫び、家に上がらず「ここで失礼させていただきます」と言って、玄関先で失礼します。

Q2　正式な訪問のとき、どんな服装を心掛ければいいですか。

服装は飾ることよりも、まず清潔であることが大切です。特に家へ上がるときは靴下など足先の清潔さに気を使いましょう。また香水の匂いは淡くし、目上の人を訪ねるときはアクセサリーも華美にならず、肌を出すファッションのときは家の中で羽織るものを用意するといいでしょう。

Q3　玄関で、後ろに向き直って靴を脱ぎますが、いけないのでしょうか。

脱いだ靴は、すぐに履いて出られるよう、つま先を表に向けて置きます。家人の手をわずらわせないように、自分で靴の向きをかえるのが訪問者の礼儀ですが、玄関へ上がるときに表へ向き直って靴を脱ぐのは、家人に対して背を向けることになり失礼です。進行方向のまま上がり、向き直って膝をついて、手で靴を置き換えます。あとの人が置くことを配慮して、中央に置かず端に置きましょう。

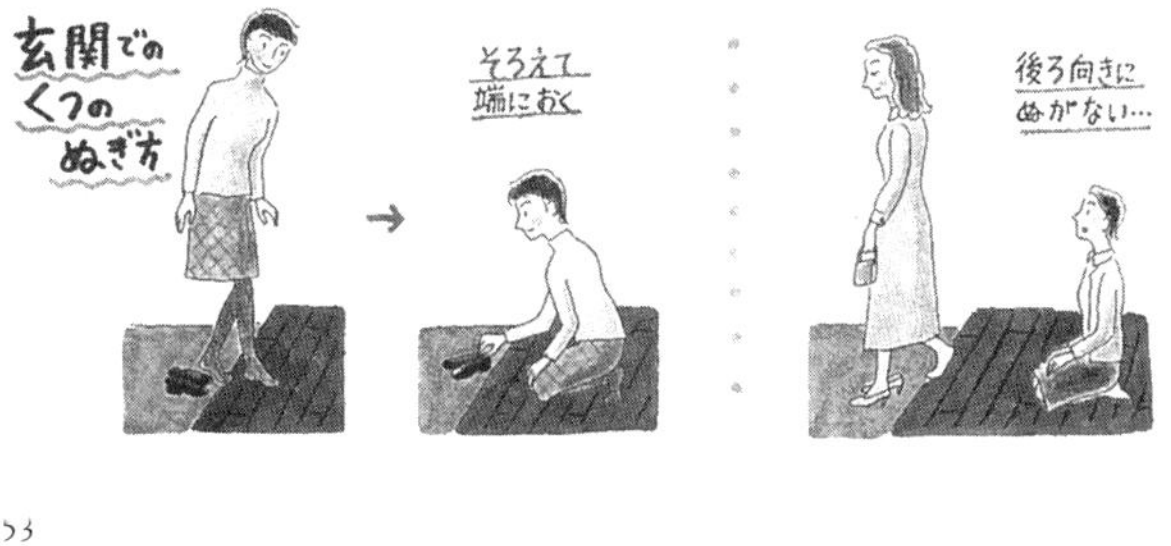
玄関での
くつの
ぬぎ方
そろえて
端におく
後ろ向きに
ぬがない…

同伴者がいる場合は、あとから上がる人が先の人の靴に対して気遣い、揃えてあげたいものです。ただし、いくら乱雑でも家人の靴まで揃えるのは失礼なので気をつけましょう。

Q4　玄関先で男性が靴の向きを変えるのはおかしいですか。

決しておかしい行為ではありません。ただ、男性が自ら靴を揃えると、たいがいの女性が恐縮してしまい、また家の中のこともよく気が付く男性かと気詰まりな思いをさせかねないので、男性の場合はむしろ、家人に揃えてもらうことの方が、相手への気遣いになります。

Q5　コートや羽織、ショールを羽織ったまま玄関に入るのは失礼ですか。

表と同じ格好では、他人の家の中を外と同じ扱いにすることになり失礼です。コートや羽織は玄関に入る前に脱いで手に持つか、手荷物の中にしまいましょう。

Q6　部屋の上座と下座は、どう見分ければいいですか。

日本では床の間のある方が上座です。床の間のない部屋では、入り口に近い席が下座で、その正面が上座になります。

洋間では、暖炉の前が上座とされますが、暖炉のない家が多いので、ふつうは入り口に近い席を下座とし、ソファや肘掛け椅子のあるところを上座とします。

Q7　すすめられるまま座布団や椅子にすぐ座るのは失礼ですか。

家人に案内されて部屋に入り座布団をすすめられても、挨拶を済ませるまではあてません。また途中で人が入ってきたら、座布団に座ったまま頭を下げるのではなく、必ず下りて「お忙しいところお時間をいただき、ありがとうございました」という訪問のお礼と、日頃のお礼などの挨拶をします。

ソファや椅子の場合、席に案内されても、立って挨拶を済ませるまでは腰を下ろしません。待っている間は、キョロキョロしたり、置き物をむやみにさわったり、隣の部屋をのぞいたりするのはやめましょう。興味があったら、家人に話してから見せてもらうようにします。

Q8　礼儀正しい座布団のあて方と座り方、椅子の座り方を教えてください。

「あてさせていただきます」と礼を述べてから、正面なら、座布団の中ほどに両手をついて膝から入ります。座布団を動かすときは、座布団の四分の　ぐらいのところを、手の甲を上に向けて持ち、足を返して（足の甲を畳につけた状態から、つま先を返して甲を上げた状態にする）膝下にゆっくり引き入れます。

横からあてるときは、足を返して膝頭を斜めに座布団を乗せ、右手を軽く座布団にあてて足先まで入れます。足がしびれたら、申し出てから崩させてもらいます。

下りるときは、右手を軽く座布団にあて、足を返して足先から下り、膝頭を揃えて下ろします。あてるときも下りるときも、空いた手は膝の上におきましょう。

椅子に座るときは、背もたれには寄りかからず、背筋を伸ばして浅く座った方が美しいものです。足を組んだりブラブラさせたり、腕を組んだりするのはもってのほかです。

Q9　訪問先でトイレを借りるのは避けた方がいいですか。

事情がない限りは、トイレはなるべく訪問前に済ませておきたいものです。しかし、どうしても行きたくなってしまったときは、家人に断って借りるようにします。

Q10　手土産を持参した場合は、いつ渡せばいいですか。

手土産は必ず用意するというものではありません。訪問の内容で必要か否かをきめましょう。もし持参する場合は、部屋に通されて挨拶が終わったところで渡します。ただし、土のついたものや生もの、匂いのあるものなどは玄関先で渡したほうがいいでしょう。

風呂敷をはずして渡しますが、紙袋も風呂敷と同じ役割なので、必ずはずして渡します。

Q11 帰るときはどんなことに注意すればいいのでしょうか。

退出時は、部屋に通されたときと同じで、洋間なら立って、日本間なら座布団から下りて、「そろそろ失礼させていただきます」といとまごいの挨拶をします。玄関では、あらかじめ履き物の向きを変えてあるのでそのまま履き、向き直って家人に挨拶をします。靴べらを使ったり紐を結んだりする靴の場合、家人に背を向けたままにせずに、いったん足を入れて家人の方へ向き直ってから、きちんと履きます。また家人にすすめられたら、コートや羽織だけは玄関内で着ても構いません。

家人が玄関先まで見送ってくれたときは、曲がるまでに必ず一度は振り返り、戸口で見送ってくれていないかを確かめます。

Q12 帰宅後は、訪問先にあらためてお礼を言うべきですか。

帰宅後は、その日のうちに礼状を出します。目上の人には封書で、そうでない場合はハガキで「本日は楽しいひとときを過ごさせていただき、ありがとうございました」などと感謝の気持ちを伝えます。

特にお世話になったり、親切にしてもらったりした場合は、その旨を家族に報告しておいた方がいいでしょう。後に、相手の人に自分の家族が会うようなことがあったとき、知らん顔をしていたのでは、家族が恥をかいてしまいます。

接待のマナー

Q1　訪問を受けるときの心構え教えてください。

訪問する人には目的があります。接待する側が話してばかりいたのでは、訪問者は用件を満たせません。接待する側は、聞き役になるよう気をつけましょう。

突然の訪問を受けてもなるべく会うようにしたいものです。先約がある場合のみ、仕方がないので、丁寧に理由を説明して引き取ってもらいます。

Q2　マンションの玄関でも、お客様を座って迎えなければならないでしょうか。

現代はマンションなど低床の玄関が一般化したので、床に座って訪問者を迎え、挨拶する習慣が消えつつあります。

しかし、立ったままで「どなたですか?」という姿勢は来訪者に対して失礼です。正座をするか膝をつくか、迎える側の目線が来訪者の目線より低くなるように心掛けましょう。

あらかじめ訪問を知っている場合は、待たせることのないようドアベルが鳴ったらなるべく早く出るようにし、「いらっしゃいませ。お待ち申し上げておりました」などと言って迎えます。

夜の訪問者を迎えるマナーとしては、玄関周辺の灯りをつけて明るくしておくことが大切です。

また、玄関で靴を揃えるときは、来訪者が脱いですぐに揃えると恐縮させてしまうので、部屋に通してからあらためて直します。

Q3　扉の開け閉めを礼儀正しくするには、どうすればいいですか。

ビルや洋間のドアは静かに開け、後ろ手ではなく必ずドアの方に向き直って閉めます。後ろから来る人に気づかず目の前で閉めてしまったり、ドアの状態が分からず、うっかり荒々しく閉めてしまいかねないからです。

座敷の場合、襖や障子の取っ手は正座で開け閉めするのにはちょうどいい高さにあります。必ず正座をして、襖や障子に近い方の手で、いったん膝の位置まで開け、手を変えて全開するようにします。片手で一度に開けないように注意し、空いた手は、指先をそろえて膝の上に置きましょう。

閉める時のことを考えて、手がかり分だけ残して開けると、後が楽です。

また、ノックやブザーを鳴らすのは二回までにします。荒々しく叩いたり早く叩いたりしないよう気をつけ、必ず「どうぞ」の言葉や開けてくれるのを待ってから中に入りましょう。

Q4　部屋へ案内してからあらためて挨拶をし直すものですか。

玄関先で簡単な挨拶を済ませてから、部屋の上座に案内し、あらためて丁寧な挨拶をします。洋間では立ったままで、和室では正座をして「ようこそおいでくださいました」という意味の挨拶と、「いつも大変お世話になっております」「すっかり御無沙汰をいたしまして、申し訳ございません」などと、世話になっている礼や無沙汰の詫びを述べます。

なお、あらかじめ訪問が分かっている場合は、季節感を演出するなど、もてなしの心で部屋を整えておきましょう。

Q5　正しい座布団のすすめ方を教えてください。

あらかじめ用意をするときは、座布団カバーのファスナーはお客様の後ろへいくように、絵柄はお客様に向くようにします。挨拶が済んだら、「どうぞ座布団をお当てください」「どうぞ座布団をお使いください」の言葉ですすめます。

お客様を部屋に通してから座布団を持ち出すときは、厚手のものはそのまま、厚くなければ二つ折りにして運びます。自分の膝に半分寄りかからせて右手で開きながら客前に出し、両手を座布団の四分の一あたりに添えて「どうぞおあてください」とすすめます。

Q6　手土産にお菓子をいただいたときは、そちらを出した方がいいですか。

手土産をもらった場合は、そのままにせず奥に持って入り、生菓子なら「おもたせものではございますが」の一言を添えて出します。もてなす側が用意したものを出すのが礼儀ですが、用意した菓子と似た手土産をもらったときは、相手に無駄をしたと気遣わせないよう、手土産の方を出します。

Q7　人に人を紹介するとき、順番はあるのでしょうか。

紹介の順番を間違えたばかりに大変な失礼になる場合もあるので注意しましょう。

年上や地位の高い人と年下や目下の人を引き合わせる場合には、まず年下や目下の人から、年上や目上の人へ紹介します。また親密度の違いがある場合には、自分と親しい間柄の人を先に紹介します。男性と女性の場合は、海外の例をとれば、たいてい男性を先に紹介しています。

要するに、たてるべき目上に対し、へりくだる目下の側が先に挨拶するのが礼儀ということです。

紹介する人もされる人も、洋間では椅子から立ち上がって、日本間なら座布団をはずして正座に直って挨拶をします。また、紹介するときは名前だけでなく、その人の社会的な立場を理解してもらえるような説明を簡潔に加えましょう。相手の人となりは、実際に話せば分かることなので、くどくどと紹介する必要はありません。

Q8 見送るときのマナーを教えてください。

玄関へは主人が先に立って案内し、玄関を出てからは来訪者が先に立ちます。車での来訪者なら、車のところまで出て、車が見えなくなるまで見送りましょう。

コートやストールなどを持っている人は、外で羽織るとき手荷物の置き場所に困ったりするので「どうぞ、ここでお召しになってください」とすすめてあげましょう。お年寄りがコートを着るときは手を貸してあげます。着せ方は右手、左手、両肩の順にします。

いくら丁重に見送りをしても、送り出した直後にドアを閉め、鍵をかける音がしたり、灯りを消してしまったのでは感じが悪いものです。来訪者の姿が見えなくなるまで待ちましょう。

また、初めて訪ねてくれた人は、停留所まで送ってあげましょう。特に夜は、相手が遠慮しても物騒なので送ります。

〔冠〕

子供の祝いについて

Q1　出産祝いは、必ず贈った方がいいのでしょうか。

出産が昔ほど大変でなくなった現代とはいえ、赤ちゃんの誕生は両親にとっても、祖父母にとってもうれしいものです。親同士の人間関係をスムーズに運びたいと考えるならば、お母さんなり赤ちゃんなりに、心ばかりのものを贈って、喜びの気持ちを伝えておくといいでしょう。

Q2　両親やそれぞれの実家で赤ちゃんのものを豊富にそろえられる時代。出産祝いに何を贈ったら喜ばれるのでしょうか。

出産祝いとは本来、お母さんに対する「頑張りましたね」という意味のお祝いです。いまは赤ちゃんのものを、という習慣が強くなっていますが、これから子育てに追われ続けるお母さんのために贈り物をしてあげてはいかがでしょうか。

Q3　赤ちゃんが生まれたことを知らずにいて、お祝いを贈るのが遅くなってしまったとき

は、どうすればいいのでしょう。

受け取る側に内祝の都合もあるので、通常は出産から1カ月以内のお宮参り前に贈ることを目安にします。

ただお祝いしたい気持ちがあるのなら、たとえ遅くなってしまっても、その気持ちは通じるものです。赤ちゃんの成長の度合いが分からなければ、両親の記念になるような贈り物を選び「遅くなってごめんなさい」の、お詫びの一言を添えましょう。

Q4　子供の内祝はいただいたお祝いのお返しだけにしていいですか。それとも、両親や隣組、仲人さんなどに配るものなのですか。

内祝は、子供の顔をなるべくたくさんの人に披露し、みんなに子供の将来を見守ってくださいとお願いする親心の表れです。お祝いのお返しとは考えず、ささやかなものでも、隣近所や友人知人など、なるべく多くの人に配りたいという人もいます。他方、お祝いをもらわない人にまで内祝を配ると、まるでお祝いを要求しているようだと、控える人もいます。もし気になるなら、配りたい親心を書いて包みに添えてみてはいかがでしょう。

Q5　自分の子供の古着をあげたいとき、失礼のないようにするにはどうしたらいいでしょう。

子供は成長が早いので、古着は助かります。ただし、なかには古着は着ないという人もいます。まず必要かどうか尋ねてから贈りましょう。その際は洗濯をして清潔にし、ボタンが取れていたりほころびがないかをよく調べます。古着だけにせず新しい品も一つ添える心遣いを忘れずに。

Q6　もし名付け親を依頼されたら、どうやってふさわしい名前を選んだらいいですか。荷が重すぎると、断ってもいいものなのでしょうか。

一人の人間の将来を決定してしまうようで、名付け親は荷が重いもの。しかし、それも考えた上で両親は依頼してきているので、なるべく断らないようにしたいものです。両親の願いを生かすよう、あらかじめいくつか候補を挙げてもらって、その中から選択するようにしてはいかがでしょう。

Q7　仲人は、初節句や七五三ぐらいまでは、お祝いを贈った方がいいのでしょうか。それ

は第一子だけでもいいですか。

人によってまちまちです。頼まれ仲人でほとんど行き来がない場合は、出産祝いだけでも構わないし、家族ぐるみの付き合いで子供もよく知っている人は、成人祝いや就職祝いまで贈るでしょう。いずれにせよ、両親との付き合いの深さで判断するしかありません。昔は長男だけに贈ったものですが、子だくさんの時代とはちがい、いまは多くて二人ぐらいなので、第一子に限る方がむずかしいようです。

Q８　お宮参りの祝い着やお食い初めの箸と膳、初節句のひな人形やこいのぼり、七五三の晴れ着などは嫁の実家で贈り、嫁ぎ先はおもに料理を振る舞ったり内祝を用意したりするものでしょうか。

もともと子供の祝いに、父方ですること、母方ですることの決まりはありません。親戚や隣近所への振る舞いが華やかだった時代には、嫁ぎ先の負担が多くなるからと、嫁の実家が祝いの品の支度をしたようです。その習慣が残っている地域では従うこともありますが、これからは両家と子供の両親とで話し合って決めればいいと思います。

ただし、嫁の実家からの子供の祝いは、比較的費用のかさむものを贈るのが普通です。

〔冠〕

Q9　お宮参りには赤ちゃんも親も紋付きで参拝するものでしょうか。

和服の時代は紋付きの祝い着を用意し、祖母や母親も紋付きの羽織を着て、正装で神社に詣でたのですが、いま赤ちゃんはかわいいベビーウエアやケープに包まれ、家族もほとんど洋装になりました。決まりはありませんが、氏神への正式な挨拶のときなので、晴れ着として改まった服装にした方がふさわしいでしょう。

Q10　小さな子供さんへ「お年玉」や「おひねり」を渡す場合、いくらぐらい包めばいいのでしょうか。

よくお年寄りのなかに、子供には必ず硬貨を包むようにしている、という人がいます。それは、いい選択だと思います。子供は本来、金銭の価値がまだ分からないはず。おもちゃの感覚でみるとすれば、むしろ紙幣よりは硬貨の方を好むもの。お年玉の額が少ないと気になるのは、親に対する体面でしょう。それならば正直に、親に対しても何か用意するなどしてはいかがでしょう。

〔冠〕

長寿の祝いについて

Q1　父は今年77歳になるのですが、本人はまだ若いつもりで年寄り扱いされたがりません。還暦の祝いを省くのはいいとして、喜寿の祝いまで省いてもいいのでしょうか。長寿の祝いは遅くとも何歳から始めた方がいいですか。

長寿社会となり、実年齢よりかなり若い高齢者が増えています。これからは70歳を過ぎていても「おじいさん」「おばあさん」と呼ばない心遣いが必要です。長寿の祝いも90歳に近い米寿（88歳）ぐらいからで十分でしょう。ただ、60歳や70歳などを無事に通過することは現代人にとっても節目であることに変わりありません。還暦や卒寿（90歳）、喜寿などには、ご馳走を囲んで昔語りを聞いてあげたり、記念になる贈り物をするなど、家族的で和やかな誕生祝いをしてあげたいものです。

Q2　赤か白のちゃんちゃんこと帽子では、いまの年寄りにはちょっとかわいそうな気がします。縁起物だから、着せなければいけないのでしょうか。

いまは、ちゃんちゃんこや帽子などはほとんど意味をなさなくなってしまいました。90歳を超えてもなお若々しくあってほしいと、むしろ孫やひ孫の感覚で祝ってあげるといいのではないでしょうか。

Q3　母は総入れ歯で、あまり堅いものや消化の悪いものは食べさせられません。米寿の祝いのご馳走は何にしたらいいのでしょう。

お祝いのご馳走は、長寿の人にあやかってみんなで食事をともにすることに意味があります。お年寄りは量がほしいわけではないので、たとえ食べられないものがあっても、集まってくれた人たちがおいしく食べてくれるのがいちばんうれしいのです。あまり年寄り向けの献立にこだわる必要はないでしょう。中に数種類、好物を混ぜておけば、お年寄りは十分に楽しめるはずです。

Q4　長寿の祝いのお返しはいくらぐらいにしたらいいのでしょう。本来は長寿の本人がお返しを負担するものなのですか。

あくまで長寿の人にあやかれるように開く祝いなので、お返しは本人が自分の持っているものを分け与えるところに意味があります。年寄りの小遣いの範囲なので小額で構いません。

ハンカチーフや手ぬぐい、台所で使うものなど、家庭内で使えるものを配るといいといわれたりします。

新築祝いについて

Q1　隣の家が増改築をするにあたって、工事の挨拶に来てくれたのですが、完成後に、「御祝」を持っていった方がいいですか。

増改築の場合は、人を招いてお披露目をするような祝い事ではないので、御祝いを贈る必要はありません。挨拶はあくまで工事の迷惑についてのお詫びなので、御祝いを贈れば相手にお返しの心配をさせなくてはなりません。隣人としては「いいお宅になりましたね」と挨拶を交わす程度で構わないでしょう。〔冠〕

Q2　和風三階建てで新築しようと思うのですが、隣り合うお宅にはすべて、あらかじめ了解を取るために手土産を持って挨拶にうかがった方がいいですか。

新築するときは隣近所に、騒音や振動、人の出入りで長期間かなり迷惑をかけるものです。

必ず、お詫びとお願いの挨拶に回りましょう。また、高い建物の場合は隣家の日当たりについてよく考慮した上で、必ず相手の了解を得ておきたいものです。自分の土地に自分の好きな家を建てるのは自由ですが、もし逆の立場だったらどう感じるかをまず考えましょう。そして自分の家が家並み、町並みの一部であることもよく考えて、慎重に設計しましょう。

Q3　引っ越しの日は、組の人全員に引越し祝いを持って挨拶に回った方がいいですか。

新興住宅地やマンションで隣組の結びつきが弱いといっても、いざというとき、助けを求めるのは隣近所です。いまは手ぬぐいを配る程度で構わないので、顔を見知ってもらうための挨拶だけは回っておきたいものです。

また、引っ越して出ていくときも、お世話になったお礼に、隣近所に挨拶するのが礼儀です。

Q4　新築祝いを開くのは、建前の日か家移りの日の、どちらか一回でいいですか。

地方では建前も家移りも両方やっているようですが、建前はおもに隣組、家移りはおもに親戚へのお披露目と、対象を分けているようです。いまは、お金をかけた派手な振る舞いが敬遠される時代。現代建築も様変わりして、棟上げができないような工法の家もあります。多くの人にわが家を末永く見守ってほしいとお願いする行事なので、挨拶だけに省略しても構わないでしょう。もし気になるようなら、組長さんに自分の考えを率直に伝え、相談してみてはいかがですか。

Q5　引っ越しの挨拶に「そば」を配ったり、新築祝いに「やかん」を贈ったりするほかに、新築祝いにふさわしいとされているものはありますか。反対に贈ってはいけないタブーはありますか。

そばは長く延ばしてあるので「末永いお付き合いを」の意味で使われます。やかんは「焼かん」の意で、新築したとき家主から配るときにも、御祝いに家主に贈るときにも使われます。とにかく、昔の人は火事を嫌ったので「焼く」に関係するものは避けるといいでしょう。

見舞いについて

Q1　お見舞いに鉢物の花がふさわしくないとされているように、ほかに注意すべきことは

ありますか。

「寝つく」といって、根のついた花は見舞いには避けるといわれますが、いくら切り花でも、香りの強いもの、花粉の舞うものなどは病室には不向きです。また、最近は感染症などが問題になっているので、病室に入る前に看護婦さんに確認しましょう。ほかに白い花は弔事をイメージし、赤い花は彼岸をイメージするので避けます。

入院生活にはタオルや寝間着、ガウン、裁縫セット、スタンドなどが意外と便利で無駄になりません。本やCD、子供へのゲームやマンガなどもいいですが、その場合は付き添いの人の了解を得ておきましょう。

Q2　病院へお見舞いに出掛けるときのマナーを教えてください。

病人や家族は、やつれた顔や素顔をあまり見られたくないのが本音です。最近は見舞いが儀礼化して、仲間でにぎやかく病室を訪れる姿をよく見かけますが、相手の状態をよく考慮して、できれば1人か2人の少人数で訪ね、10〜15分ぐらいの短時間で帰るようにしましょう。

たとえ見舞う相手が軽い症状でも、同室にはさまざまな人が入院しています。訪問の時間を考えて、話し声が邪魔にならないよう注意し、また同室の人たちへの挨拶や見舞いのお裾分けなどにも気を遣いたいものです。病人を元気づけたいときには、なんといっても手紙がいちばん有効です。

なお、子供は正直なので何を言うか分からず、病院の匂いや雰囲気を嫌がったり、怖がったりすることで病人の心を傷つけかねません。なるべく連れていかないようにしましょう。

Q3 お彼岸やお盆に見舞いに行くものではないですか。

この世の迷いの世界からあの世の悟りの世界へ通じる彼岸や、死者の霊が帰ってくるお盆は、ともに死者に導かれると考え、昔の人は嫌ったのでしょう。しかし、墓参りや寺参りの帰りに見舞いに立ち寄るとか、神仏のある家の人が初盆のさなかに見舞うとかでなければ、単なる暦の上のことで、見舞いと仏事とはまったく関係ありません。

〔冠〕

Q4 病気見舞いは、いくらぐらい包むものですか。

退院してから快気祝いの心配をするのは、病人や家族にとって面倒なものです。そういう負担をかけない心遣いが、病気見舞いのときこそ必要ではないでしょうか。金額よりも、どうやって病人や家族を元気づけるか、言葉や贈るものに気を遣いましょう。

Q5　快気祝いは、どのぐらいの額にしたらいいでしょうか。

いただいた額の半返しが目安といわれていますが、長引く病気ならば三分の一程度で構いません。

しかし本来、快気祝いは病気が治ったことの喜びを分かち合う内祝で、見舞いの返礼ではありません。いただいたものはすぐお返しを、と気になるのが現代人ですが、何か力になりたいと見舞いを贈った人にとっては、うれしかったという感謝の言葉がなによりです。返礼についてはあまり気にせず、全快したときに、喜びの気持ちを贈るようにしてみましょう。

Q6　病人が亡くなった場合、その前にお見舞いをいただいた方にはお返しをした方がいいですか。

病気見舞いには、返礼は必要ありません。全快した人は快気祝いをお返しとして贈ったりしますが、快癒しなくて亡くなった場合は当然お返しはしません。ただ、お礼の言葉を伝える礼儀を忘れずに。

Q7　火事や災害のお見舞いは、すぐに行った方がいいのでしょうか。

知人の家の周辺で火事が発生したと知ったときは、それが比較的近所なら、駆け付けて何事もなかったか見舞ってきましょう。遠ければ、電話をかけてみましょう。無事だとしても、近くに災害があって大変な思いをしたのかもしれないので、状況を聞いてあげることが大切です。また、遠方で起こった地震や台風などの大きな災害のときは、しばらく様子をみて、知人に問い合わせたりしながら時期をみましょう。

〔婚〕

新郎新婦について

Q1　使い終わった結納品は、どう処分すればいいのでしょうか。

結納とは「ゆいのもの」。つまり姻戚関係を結ぶにあたっての固めの盃と肴が飾りになり、やがてお金に形を変えたものです。とすれば消費してしまうのが本来で、大切にとっておかなければならないものではありません。

おめでたい品物なので、ゴミといっしょに処分してしまうのは気持ちのよくないもの。紙にくるんで、できれば正月飾りを燃やす神社や寺の清浄な火で処分してもらってはいかがでしょう。氏神様や菩提寺、地区のお寺にお願いすれば、快く引き受けてくれます。

消費財と考えれば兄弟姉妹や親戚で使い回しすることも可能ですが、新しいものを用意したいという人もいるので、新郎新婦の意向を確かめてから申し出ましょう。

Q2　式の費用等をクレジットにするものではないですか。

あまり好ましくないことだと思います。まれに事情でクレジットにする人もあるようですが、おめでたいことなので借金はしたくないと、大部分の人は使わないようです。また結婚式とは、自分たちの身の丈に応じた内容を考え、予算を決めるべきものです。希望の予算を明示し、それに応じてプログラムを組んでくれる式場を選びたいものです。

Q3　引き出物はどんな基準で選べばいいですか。また、選んではいけないタブーはありますか。

なかには割れるものを嫌って陶磁器やガラス製品を、切れるものを嫌って刃物を避ける人もいるようです。いまは気にしない人が増えたので、まずは、遠方からのお客様も持ち帰るのに楽な、かさばらないものを最優先に考えます。

最近は、カタログから好きなものを選んでハガキで申し込むセレクトギフト（カタログギフト）や商品券を利用する人、招待客の年齢層などによって引き出物を何種類か選ぶ新郎新婦もいるようです。

Q4　引き出物を商品券にしてもいいでしょうか。

引き出物を選ぶときは、お客様に持ち帰ってもらうのに、重い物やかさばる物を避け、持ちやすい品物にすることが礼儀です。物の豊富な現代では、人によって趣味や好みも違い、それぞれ好きな物が選べるセレクトギフト（カタログギフト）や商品券は人気があります。けっして失礼ではないので使って構いません。

ただ、金券や申し込みカードでは心が伝わらないと思う人たちは、記念の品を自分たちの個性で選んでいるようです。

手ぶらで帰ってもらい、あとから発送するのも一考です。

Q5　披露宴の招待状を自分で作りたいのですが、文面の必要事項や作り方などを教えてください。

とくに書式の決まりはありません。来賓へも送るものなので、あまりくだけ過ぎず、失礼のないように仕上げます。自分が受け取ったときにどう感じるか、おかしいところはないか、客観的な目で読み返すといいでしょう。作り方は、

①　封筒はハサミで開封すると「切る」ことになるので、郵送分を除いては、糊づけで封をせずシールで軽くとめる

②　白い角封筒を用いる

③　封筒は右封じにする

④ 差出人の名前を両家の代表者にするか、新郎新婦の名前にするかを決める（手作りにしたいときは、新郎新婦の名前の方がふさわしい）
⑤ 祝辞等の依頼は「お言葉など頂戴いたしたく…」などと一筆書き添える
⑥ 会場への略図を同封、駐車場が使える会場ならば駐車券も同封する
などに留意します。疑問が生じたら独断を避け、両親や年長者に相談しましょう。

Q6 披露宴の席次はどのように決めたらいいのでしょうか。

新郎新婦が世話になった恩人や目上の人は来賓として上座にします。次に知人と友人、末席に親戚と家族の順にします。もし式の仲人とは別に結婚を取り持ってくれた人がいれば、いちばん上席に席を用意し、場合によっては披露宴で紹介する必要もあるでしょう。座る順はお客様の役職や地位には関係なく、新郎新婦との関係で判断し、双方対等に座ってもらうようにします。また、目上の人を上座にする場合は、年齢を目安にしましょう。

Q7 新郎側新婦側それぞれの招待客の割合はどのぐらいが妥当ですか。

よく6対4ぐらいの割合で新郎側を多くするなどという人もいます。しかし、それは結婚

が家と家の縁組だった時代に、嫁をもらう側がなるべく多くの関係者にお披露目をしなければならなかった名残りです。いまは、結婚の証人として本人たちが招待客を選ぶので、両家のバランスを気にする必要はありません。ただ同じような割合にしたり、共通の知り合いを多くしたりするのが無難ではないでしょうか。

Q8　かつて結婚式に招待してくれた人たちは、必ず招待すべきなのでしょうか。

必ずしも招待しなければならないということはありません。結婚は、人によってスタイルも事情もまったく異なるものです。だれに、何人に、証人となってもらうのか、結婚式にどのぐらいのお金をかけるのかなどは人それぞれです。

招待されてからかなり時間が経過し、交友関係が変化している場合もあるでしょう。招待が負担にならないか、そのときの相手の状況を考える必要もあるでしょう。

もし気になるようなら、結婚の通知を手紙にかえて丁寧に報告してはいかがでしょう。

Q9　遠方からのお客様は、宿泊費と交通費を必ず招待する側が負担すべきものでしょうか。

近い親戚は別として、ぜひ出席してくださいとお願いする招待客は宿泊費も交通費も負担するのが礼儀です。電話で先方に当日のスケジュールを確認して、宿や切符の手配をしましょう。もし遠慮する人がいても、必ず手配するようにしましょう。

披露宴を会費制のパーティーにする場合はあくまで自由参加なので、一応案内状で知らせ、出欠者は先方の選択に任せます。

Q10　手作り結婚式にしたいのですが、お客様に失礼なものですか。

商店や企業の長男で、結婚式が跡目相続の披露を兼ねるような場合を除いては、いまの披露宴は、新郎新婦が結婚の証人になってもらう人たちをもてなすために開くものへと変化しています。

二人が協力して招待客に楽しんでもらうための工夫を凝らす手作り結婚式は、何よりのもてなしではないでしょうか。とくに、ワンパターンの披露宴に馴れてしまっている人たちにとっては、変化に富んで、うれしいものです。

ただし、新郎新婦ではなく、招待客が主役であることを忘れずに。招待客をもてなすために工夫を凝らしてください。

Q11　披露宴で、いちばん世話になった両親を前の席に座らせてはいけませんか。

両親に対する感謝の気持ちは、あくまでも家族の間で交わす私的なもの。披露宴は招待客をもてなすための公の場なので、両親は新郎新婦に準じて、主催者側としてお客様に謝意を表さなくてはなりません。両親を上座にするなどは公私混同で、恥ずかしい行為です。

Q12　披露宴が時間オーバーになったら、どうすればいいですか。

段取りを決めるときから、スピーチ等が延びることを計算に入れて、祝辞や余興の人数を設定しましょう。乾杯のあとはそれぞれ食事をしながら歓談する時間なので、時間が余る分には困りません。しかし、時間オーバーは式場に迷惑をかけるので、両親への花束贈呈など身内のセレモニーを省略し、やむを得ない場合は親しい友人の余興などから省略させてもらいます。それらの決断は新郎新婦がしなければならないので、時間の経過には気をつけましょう。

Q13　仲人さんのお宅へは、式の前に両親たちといっしょに御礼を持って訪ねるものですか。新郎新婦だけで行ってもいいですか。また、式の後も再度、挨拶に行った方がいいですか。

お礼は式が無事終了してから持っていくのが筋です。そのときは新たに夫婦として独立した二人が訪ねることに意味があります。もし両親もお礼をしたいときは、別に行動しましょう。式の前はお願いの挨拶になります。このときも本人たちだけで構いませんが、両親も仲人さんと関わりがあるときは、同行して挨拶します。

Q14　新婦が披露宴の席で食べたり飲んだりするのは、恥ずかしいことでしょうか。

新婦は主役だからと、何も口にしない人がいますが、長時間食べないでいては身体がもちません。一般客と同様に食べるのは、衣装で締めつけた身体によくないかもしれませんが、食べないのもよくありません。

仲人さんや介添えの人が長時間の式に備え、事前に食べ物を口にするよう用意してくれるものですが、披露宴の間も、身体の状態や周囲の様子を見ながら、多少口にするようにしましょう。

Q15　新婚旅行で買ったおみやげを親戚へ渡すのに、同じ県内に住んでいても持参せずに御礼状といっしょに贈ったら失礼ですか。

親戚への挨拶は、夫や妻が早く親戚の人たちに打ち解けられるよう、紹介するのが目的です。結婚式でお世話になったお礼を気遣うよりも、これから末永くお世話になりますと顔を見せるところに意味があります。もし、忙しくて出掛けられそうもないときは、少し間があいても、時間をつくって訪ねるように努力したいものです。

Q16　仲人さんとはどこまで付き合えばいいですか。離婚を決意したとき、仲人さんには相談に行った方がいいですか。

式のときだけの頼まれ仲人といっても、職場や地域が同じで、顔を合わせる機会のある人ならば、子供ができたり、新居を建てたり、奥さんや両親の状態など、挨拶をかねて報告しておきたいものです。

もちろん離婚を考えたときは、相談や報告に行くべきです。案外、客観的な意見を聞いて思いとどまることもあるかもしれません。仲人とは本来、そういう役割なのです。

両親について

Q1　結納はなしにしましょうとお嫁さんのご両親に言われたのですが、なしにするわけにもいかないと悩んでいます。言われた通りにしていいのでしょうか。

結納金はもらった側にとってお返しの心配など何かと気を遣うことなので、家と家との縁組だった時代のしきたりは省きましょう、という申し出だと思います。まず結婚する本人たちの意見を聞き、結納金を受け取る側の負担を考慮して、なるべくみんなの意に添うようにしましょう。ただ結納は金銭ではなく、両家で取り交わすところに本来の意味があります。たとえ結納金がなくても、結納品を贈り合って祝う心が大切でしょう。

Q2　新婦の家は結納品、結納金にお土産もつけるような土地柄です。しかし若い二人だけのマンション住まいでもあり、結納金やお土産などの形式は省き、簡素化しようと思うのですが、新郎側から申し出ていいものでしょうか。

いまは家が嫁をもらう時代ではないので、お金はなるべく若い夫婦のために使いたいものです。古いしきたりに縛られることはないので、理由をはっきりさせ、両家と本人たちとみんなで率直に意見交換して納得すれば、新しいやり方に変えることができると思います。むしろ両家で話し合うことに結納の意味があるのです。

Q3　いま結婚式は本人たちの好きなようにすればいい、と言われていますが、親や年配者は口を出さない方がいいのでしょうか。若い二人にうまくアドバイスする方法はないでしょうか。

結婚式や披露宴の形式は結婚する本人たちに任せてもいいのではないでしょうか。ただ、出席してくれる人たちの出費や大事な時間を使わせていることを親として話して聞かせ、挨拶の言葉ひとつ失礼のないよう身につけさせる必要はあるでしょう。

気になる点は当日までにチェックし、教えておくことが親として当然の役目です。自分たちが主役でお客様が観客と勘違いしている若者も多いので、お客様をもてなすのが二人の役目であることを教えてください。

Q4　新郎新婦と両家とでそれぞれ希望が食い違ったときは、どうすればいいですか。

結婚する本人たちの気持ちを尊重するのがいちばん大切です。両家のどちらかをたてると、ほかに親戚などが関係してくる場合もあって面倒なので、本人たちの希望を理由に、すべて筋を通すようにしましょう。ただし、招待客や親戚に失礼のないよう、もてなしのアドバイスは忘れずに。

Q5　両家の地域が違うときは、どちらに合わせるものですか。

例えば、愛知県以西は、結納品の額を結納金の一割もかけるほど豪華にします。そして必ず白木の台にのせて袱紗をかけます。また関東は、結納品は簡素化しても、結納金のお返しを半額にします。

関西と関東のちょうど中間に位置する静岡県の、とくに中部地域はもっとも無頓着な土地柄でもあるので、新郎の両親に「お返しはどのようにしたらよろしいでしょうか」と尋ねるか、結納の専門店に相談しましょう。

Q6　披露宴では、両親や親戚はお客様にお酌をしたりしてもてなすべきですか。

新郎新婦の両親は、少なくとも来賓の人たちには挨拶に回ります。席まで行って自己紹介し、お礼と今後のことをお願いすれば礼儀正しく感じられ、お酌はくだけた感じを与えます。

しかし親戚はその必要はありません。だれか一人がお酌に立つと、他の叔父叔母まで座っていられなくなるものですが、大丈夫です。

また親戚はお客様ではなく身内なので、あまり騒がしくせず、あくまでも控えめを心掛けましょう。

Q7　新郎新婦が海外挙式を望むので、ごく内輪で式を挙げ、日本では友人を招いて会費制パーティーを開くことになりました。親としては、せめて親戚へのお披露目の席を設けるよう本人たちを説得した方がいいですか。

結婚後、親戚と仲良く付き合っていくためには、お披露目の必要があります。本人たちが友人のためのパーティーだけを企画しているようだったら、親戚を招くささやかな会食だけでも開くか、あるいは二人で親戚を訪ねて挨拶するようアドバイスしてあげるといいのではないでしょうか。

Q8　結婚式を待つ控室では、親族に酒肴を振る舞うものですか。

いまはホテルブライダルなどのなかに、控室での酒肴の用意が含まれている場合が多いですが、昔は式を待つ間、桜湯（桜茶）に練り菓子を振る舞ったりしました。その菓子を「座付菓子」と呼びます。

いまも好みで、茶菓の接待にしてみるのもいいのではないでしょうか。

Q9　新居に荷物を運ぶのは引っ越しセンターに依頼して普通に済ませようと思うのですが、一応荷運びなので係の人たちに御祝儀を渡した方がいいのでしょうか。

御祝儀を渡すかどうかは、あくまで渡す側の気持ちです。単なる引っ越しの形態をとってはいても、二人の門出をみんなに祝福してほしいと願うならば、心ばかりの御祝儀を用意してもいいのではないでしょうか。

招待客について

仲人の場合

Q1　仲人は「御祝」をいつ渡せばいいですか。それは新郎新婦だけに贈ればいいですか。それとも両家に贈るものですか。

結婚式の御祝儀は、正式には前もって持っていくものです。結婚式当日に渡すのでは慌ただしく、礼を失することもあるので、「御祝」はあらかじめ届けるようにしましょう。

両家から依頼された仲人なら両家に届けますが、新郎新婦に依頼された仲人は、どちらか一方の家に届け本人に渡せばいいでしょう。

その際には、次のような祝いの言葉を添えましょう。

このたびのご結婚、誠におめでとうございます。

新しく家庭を築いていかれる上で、（すでにご準備はお済みかと思いますが）わずかですがその足しになさってください。

どうぞお幸せに（なられますよう）。

Q2　仲人は、あらかじめ「御祝」を渡してあれば、式当日に御祝儀を出す必要はないですか。

結婚式当日の仲人は、新郎新婦の後見人として主催者側になるので、御祝儀を渡す必要はありません。「御祝」などの儀礼はあらかじめ済ませておき、当日は仲人の役割に専念しましょう。

Q3　披露宴の最中に新婦の気分が悪くなったら、どう対処したらいいですか。

新婦の中には、重い衣装と緊張感で気分を悪くする人もいるかもしれません。しかし、ほとんどが一時的なものなので、しばらく衣装をはずして休ませてあげれば治まるのではないでしょうか。新婦にとっては大袈裟にしたくないことなので、お色直しに手間取っているようなふりをして、披露宴の進行は妨げないよう、しばらく様子をみていましょう。

Q4　頼まれ仲人とはいえ、その後の二人の経過には気をつけるべきですか。

結婚した本人たちからその後の連絡がないときは、そのままにしてもいいですが、職場や地域が同じだったり、知人から二人の情報が入ってくるようなら、第一子の出産ぐらいは「御祝」を贈っておいた方が無難でしょう。

招待客の場合

Q1　招待状の返信を出すときのマナーを教えてください。また出す日は選ぶものですか。

返信用ハガキの書き方で注意したいことは、

①　表の送り先で、相手の名前の下についている「行」を二本線で消して「様」に書きかえる

②　裏の自分の名前を書く欄は、「御芳名」の「御芳」と「御住所」の「御」を二本線で消す

③　「御出席」「御欠席」のどちらか該当しない方を消した後、該当する回答の「御」も消す。その下に「させていただきます」をつければ、なお丁寧になる

なお空欄には、欠席ならその理由、出席でも祝いの言葉など、その折々の適切な言葉を書くことで、心が通じるものです。投函する日は、いい日を選ぶにこしたことはありませんが、それよりも早く出すことを心掛けましょう。

Q2　返信のハガキにお祝いの言葉を添えたいのですが、どんなことを書けばいいですか。

例えば「おめでとうございます。喜んで出席させていただきます」「お招きいただきありがとうございます。当日はとても楽しみにしております」など、心から新郎新婦を祝う気持ちを表現すれば、タブーの言葉などは出てこないものです。ただ、知らずにいて失礼することのないように、念のため忌み言葉を知っておきましょう。

忌み言葉…「終わる」「切る」「別れる」「離れる」「戻る」「出る」「追う」「帰る」「破る」「苦しい」「病気」「死」「たびたび」など。

なお、新郎新婦との間柄や親しさの度合い、年齢差を考え、くだけ過ぎないように注意しましょう。

Q3　招待状の返信を出すのが遅れてしまいました。どうすればいいですか。

主催者側は準備の都合上、出席か欠席かを早く知りたいものです。返信を出す時点ですでに締め切りを過ぎていたら、電話で出欠席の返事を伝え、いまからでも出した方がいいか確認します。遅れても出してほしいとのことなら、迷惑をかけたことを一言詫びる言葉を添えて急いで出します。言い訳をだらだらと書くことはやめましょう。それよりも、お祝いの言葉を忘れずに。

Q4　招待状に添付された返信用ハガキを書き損じてしまいました。別のハガキを使ってもいいでしょうか。

返信用ハガキを書き損じたことはやはり失礼になるので、手紙か別の官製ハガキを使い、

「同封くださいました返信用のお葉書でないことをお許しください」などの一言を添えてはいかがでしょう。また、お祝いの言葉も添えることを心掛けましょう。

Q5　夫婦で出席する場合、「御祝」をどのように出せばいいですか。兄弟夫婦で出席するときは平等にしますか。

夫婦同伴で出席するときは、二人で一つの祝儀袋にした方が受け取った側が整理しやすいでしょう。表書きは夫の名前だけでも夫婦連名でも構いません。兄弟姉妹が夫婦同伴で出席するときは、年齢差もあるのでお互い率直に相談してみてはいかがですか。

Q6　出席できるかどうか予定がはっきりしないときは、どうしたらいいですか。

返信の締め切りを過ぎないように、早めに結論を出しましょう。はっきりしないときは、突然キャンセルすると迷惑をかけるので、欠席にしておいた方が無難です。ハガキに欠席の理由と出席したかった気持ちを簡潔に述べ、お祝いの言葉を贈りましょう。

例えば、こんな書き方をしてみてはいかがですか。

このたびはご結婚が整われ、誠におめでとうございます。

せっかくお招きいただきましたのに、よんどころない都合にて、たいへん残念でございますが、出席させていただくことができません。

どうぞ末永くお幸せになられますよう、お祈り申し上げております。（心ばかりのお祝いを別便にて送らせていただきました。）

また親しい間柄なら、電話で出欠席の目途がつく時期を伝え、返事をいつまで待ってもらえるか尋ねても失礼にはなりません。

Q7　結婚式とお葬式が重なってしまったときは、どちらを優先しますか。

結婚式は前もって約束していたことなので、キャンセルは相手にかなりの迷惑をかけると覚悟しなければなりません。また結婚式は一日限りのことですが、葬式の場合は、亡くなった人やその家族とよほど親しかったり、近い身内でない限りは、お悔やみに行くチャンスが何度かあります。できれば結婚式を優先したいものです。

Q8　身内の不幸が理由で欠席しなければならなくなったとき、何と言えばいいですか。

欠席するときは、きちんと理由を書いた方が相手への思いやりではありますが、「不幸」

という言葉がかえって失礼になるので、濁しておいた方がいいでしょう。例えば「よんどころない事情がありまして、本来ならお伺いいたしたく思いますが…」とか「本来なら喜んで出席させていただきたく思いますが、やむを得ぬ事情により…」などと書いて、お祝いの言葉を添えましょう。

Q9　親しい間柄でも、披露宴に出席して御祝儀を出していれば、あらためてお祝いの品を贈らなくても失礼になりませんか。

祝宴における酒、米、肴を持ち寄っての祝いの名残が、いまはお金に形を変えているので、あらためて祝いの品を贈る必要はありません。ごく親しい間柄だったり、とても世話になっている人なら、必要なものを率直に尋ねて贈る方法もありますが、自分の年齢や立場をわきまえて、あまり御祝いの金額が高くならないようにしたいものです。なお、お祝いの品を贈る場合は、遅くとも結婚式の1週間前までに自宅に届くようにしましょう。

Q10　披露宴で突然スピーチを指名されたり、予定していたスピーチの内容が別の人と似てしまったとき、どう対応したらいいのでしょうか。

披露宴でのスピーチは、簡潔で手短に越したことはありません。心の準備ができていなかったり、用意していた内容が使えずあがってしまったら、無理をせず「突然のご指名であがってしまって…」とか「前の方がおっしゃったことと、偶然にも同じことを考えたのですが…」などと正直な気持ちを述べ、祝いの言葉を添えて早々に切り上げましょう。

Q11　披露宴に遅刻してしまったときは、どうすればいいですか。

遅れてしまったときは仕方がないので、とにかく会場に急ぎ、受付で披露宴への途中入場が可能か確認したうえで、係の人に案内してもらって入りましょう。また、スピーチや余興などの予定がある場合は、関係者に心配をかけているはずなので、必ず、何分ぐらい遅れるかを連絡し、万が一、出番に支障があるようなら、順番を変えてもらうなどの手配をしましょう。新郎新婦や仲人、両親などに遅れて迷惑をかけたことを詫びる礼儀を忘れずに。

Q12　披露宴で中座したり、トイレに立つときはどうしたらいいですか。

披露宴の途中で中座することは周囲のお客様や新郎新婦に失礼にあたります。トイレに立ちたくなったときは、できれば式の後半の余興が始まる頃まで待った方がいいです。どうしても立ちたいときは、新婦がお色直しなどで席をはずすとき、または前のスピーチが終わって次のスピーチが始まる間に、そっと席を立ちます。もちろん、電話連絡などの私用で中座することはやめましょう。

席を立つときは、隣の席の人に会釈をしてから立つようにしましょう。

〔葬〕

喪家について

Q1　臨終に直面して、死者にしてあげるべきことは何ですか。

末期の水（死に水）とは本来、息を引き取る前に死者の乾いたのどを潤してあげるためのもので、死後に行う儀式ではありません。しかし最近は、病院の医師や看護師も知らない場合があるので、まだ息があるうちでも、脱脂綿と水を用意してほしいと申し出て構いません。
また臨終後は身体が硬直をおこすので、死者の目や口を閉じてあげたり、手を合掌の形に組んであげたりして、すぐに寝姿を直してあげましょう。

Q2　不幸の知らせはどこまですればいいのでしょうか。

通夜や葬儀に参列してもらう、もらわないは別として、死の知らせはなるべく広く、平等に伝えることが喪家の務めです。遺族で手分けをして、思いつく限りの知人に連絡しましょう。
知らせは夜遅くても、早朝でも構いませんが、連絡網の中心になってくれそうな人に簡潔に伝えることが肝心です。

Q3　隣組にはどのように知らせればいいのでしょうか。

いちばんはじめに、両隣に電話で伝えます。病院にいる間でもいいでしょう。自宅に帰ったら早速、施主は組長の家へ挨拶に行きます。式の段取りは決まり次第追って連絡すると伝え、隣組に手伝いを依頼するか否かを、早めに決めましょう。

Q4　喪主の決め方はどのようにしたらいいでしょうか。

夫が亡くなれば妻、妻が亡くなれば夫というのが基本です。該当者がすでに亡くなっていたり、高齢、病弱な場合は、同居をしている子供、もしくはその夫がふさわしく、長男といえども家を出ていれば、家を継いでいる兄弟姉妹にやってもらうべきでしょう。

また、先代の死亡によって、商店や会社の後を継ぐことが決まった人は、その披露をかねて喪主になります。

Q5　葬儀社はどのように選んだらいいのでしょうか。

病院からの遺体搬送は葬儀社が順番に担当するので、そのまま葬儀の依頼もする家が多いようです。しかし、葬儀社こそ良心的に相談にのってくれるところを選びたいものです。組長や両隣の人に相談し、信頼できる葬儀社を紹介してもらうと安心です。

Q6　初めての仏で、まだ菩提寺も墓もない場合はどのように依頼すればいいのでしょうか。

これもやはり、日頃から興味をもっていた寺がない限りは、組長に相談します。最終的な菩提寺としなくても、葬儀だけやってくれる寺もあります。詳しい土地の長老に聞くにしても、それは組長の裁量にまかせましょう。

Q7　兄弟や親戚が多くて話がまとまらないときは、どうやって段取りをすすめたらいいですか。

葬式は、家々によって事情も考え方も異なるものです。どんなに詳しい親戚がいても、各人の意見を聞いているうちに収拾がつかなくなってしまいます。

そこで段取りや方針は、少々自信がなくても喪主が決めなくてはなりません。そのためには、人から批判されることも覚悟の上で進める強い信念が必要です。兄弟や姉妹、親戚の人たちに相談するときは、自分の方針を確認する程度にしましょう。

葬式の段取りをする緊張感は、かえって死のショックから立ち直らせてくれるでしょう。

Q8　隣近所に迷惑をかけたくないと思っても、お手伝いは頼んだ方がいいのでしょうか。断る場合は何と言ったらいいですか。

突然のことなのに、多くの隣人に集まってもらい、中には勤めを休ませてまで手伝ってもらうのは心苦しいものです。だからといって、古くから定着している地域の慣習を断るのもまた、隣組の活躍の場がなくなり、寂しいという思いをさせかねません。

むずかしい選択ですが、大切なのは喪主がはっきりと考えを組長に伝えることです。手伝いを断る場合は、「故人の意志ですので」とか「親族一同と相談のうえ、ごく内輪で葬儀を執り行うことになりましたので」などと理由を言いましょう。

同様に、香典や供花、供物はいっさい受け取らないという方針の家は、はじめから明確に伝えておきましょう。

Q9　葬式の段取りをするにあたって、日程は最短、最長、どのぐらいが限度ですか。

日程は火葬場の時間に合わせて決めているのが実情です。死後、一昼夜（24時間）が経過しないと荼毘にふすことができません。日に4回ある火葬の時間のどこがとれたかによって例えば死亡した日の夜に通夜、翌2日目に出棺と葬儀をやってしまうか、2日目の夜に通夜、3日目に出棺と葬儀にするかが決まります。火葬が最終で遅くなるときは葬儀で出棺の順にすることも考えます。

暑い夏などは遺体の腐敗が進むので、なるべく早く進行したいのですが、1日目はゆっくりとお悔やみの時間をとり、2日目を通夜、3日目を出棺と葬儀にするのが最善ではないでしょうか。

Q10　通夜にも受付は必要でしょうか。また通夜や葬儀の受付はだれに頼めばいいですか。

本来、通夜は故人と最後の別れをするために、とるものもとりあえず駆けつけるものです。服装も喪服では、用意したようでかえって失礼とされていました。そしてお悔やみと通夜、葬儀のすべてに出掛けるものでした。

しかし現代人は忙しくなり、会葬者の時間的都合で、通夜か葬儀のどちらか一方にだけ参列する人が増えました。むしろ、昼間の葬儀より、夜に行われる通夜の方が都合がつくサラリーマンが多いようです。

東京などの都心部では、「通夜ぶるまい」といって、会食まで通夜の日に済ませてしまう家もあるようです。静岡県内ではまだそこまでいきませんが、通夜での受付と香典返しは用意した方がいいでしょう。

Q11　弔辞はだれに頼むのがいいのでしょうか。

故人が生前もっとも尊敬していた人や親しくしていた人、または故人にとっていちばんいい時代をともに過ごした仲間などにお願いすると、死者への供養になります。遺族にとっての義理は、あまり考えなくていいです。

Q12　弔辞は何人ぐらいにお願いするものですか。また、申し出てくださった方がいたときにはどう対応すればいいですか。

会葬者のことを考えて、葬儀はなるべく短くするのが喪主の務めなので、弔辞は多くても3人までにするのが礼儀でしょう。

申し出てくれた人には、なるべく読んでもらいたいのですが、人数が多くなってしまう場合は式を長くしたくない旨を正直に述べ、奉呈（祭壇にあげること）のみで許してもらいます。

Q13　生花の並び順は、贈ってくださった方の地位や会社の規模などを無視してでも、故人との関係の順にして構わないですか。

生花や花輪は子供一同、親戚一同からのものを祭壇の脇に置き、そのほかは長男の関係者からはじまり、兄弟姉妹の関係者順に並べます。

葬儀は喪主を中心にして行われなければなりません。たとえ贈り主の所属する団体が大きかったり、地位が高かったりしても、喪家の並び順に準じなければ、世間に対して示しがつきません。そんなときも、喪主の考えをはっきりさせる必要があります。

Q14　通夜の接待や火葬場での昼食、払いの膳などでの弁当やオードブルの数はどう決めたらいいのでしょうか。

なるべく早めに、払いの席への招待客を決めます。しかし、招く人が決まっても、実際の人数が把握できないのが葬式です。予想人数より2割増しぐらいを注文し、余った料理は手伝ってくれた人たちで分けてもらうのが通例です。

Q15　精進落としや七日の払いに招く人は、どうやって選んだらいいですか。また、どう声をかけたらいいですか。

親戚や故人と親しかった知人の中から、だれに払いの膳へ出席してもらうかを決めます。緊急のときなので、一人では忘れている人も、複数で考えれば思い出せるもの。家族全員で話し合いましょう。

また、家が遠いとか高齢とか、相手の都合を十分考慮して選びますが、多少迷惑と分かっていても、本当に故人と親しかった人には、無理を言っても出てもらった方が、払いの膳の意味にかなっています。遠方の人には宿泊の手配をしましょう。

招待客へは、葬儀の前日に電話で知らせておいた方が親切です。葬儀当日は受付にリストを渡し、券を手渡すなどして、案内してもらいます。当日、会葬者の中に出席してほしい人がいれば、喪主自ら招待し、受付の担当者に伝えておきます。

〔葬〕

Q16　精進落としや払いの膳を省略してしまってもいいですか。

精進落としや払いの膳は、隣組や親戚のつながりが強い時代に、葬式を出すにあたって世話になったお礼をする場でした。いまのように、ほとんどを葬儀社に任せる時代にはほとんど形式化し、かえって夜まで引き止めることで迷惑にもなりかねません。

家族と会葬者の関係を考え、省略がふさわしいと判断すれば、親戚や組長に早いうちに伝えます。

Q17 弔電を読まずに、奉呈だけにしてしまってもいいですか。

葬儀で喪家が果たすべきことは、何をおいても弔問に訪れてくれた人たちへの礼儀です。忙しい中を、故人と遺族のために駆けつけてくれた人たちを、もっとも尊重しなければなりません。

弔電は来られない人たちがやむを得ずとる手段です。読まずに奉呈だけするのが筋でしょう。むしろ弔問客に聞かせるのは失礼と考える人たちもいます。読むとしても、遠方で駆けつけられない大切な友人に限りましょう。

また、喪家の人は会葬者への挨拶を心掛けたいものです。葬儀が始まる寸前までと、終わった直後に表へ顔を出し、なるべく会葬者全員に挨拶できるようにしている喪主がいました。これは喪主として正しい姿勢です。

Q18　葬儀の挨拶や精進落としの挨拶はだれがやるべきですか。

ふつうはどちらも、喪主が行います。ただし、喪主が高齢だったり、病弱だったり、また挨拶に慣れていない場合は、子供や兄弟姉妹がそれに代わって務めます。

Q19　隣組や会社関係で手伝ってくださった方々には、どのように御礼をすればいいのでしょう。

隣組の人たちへは後日あらためて、心ばかりのもの（菓子やギフト券など）を渡します。組長へは、葬儀後すぐにお礼の挨拶に出向くと、より丁寧になります。

会社関係で手伝ってくれた人たちへは、香典返しとは別に、礼状を添えて菓子などを郵送すれば、心を伝えることができます。主になってくれた人などがいる場合は、会社へ出向いて挨拶します。

Q20　親戚や友人、知人を招いて行う法事は何回忌までですか。

家や地域によってまちまちですが、一周忌を過ぎると家族と近い親戚だけにする家が多いようです。親戚も三回忌ぐらいまでで、あとは家族で行う仏事と考えればいいのではないでしょうか。

Q21　故人の遺志が葬式をしないでほしいとか、生花や供物、香典は受け取らないという場合、それで押し通してしまってもいいのでしょうか。

香典や供花を受け取りたくないというのは、義理だけの弔いはイヤだ、という思いからでしょう。葬式ではなるべく故人の思いを尊重してあげたいものです。

ただし、自分で自分の葬式を演出する風潮の中で、注意しなければならないのは、死んでまで家族に心の負担をかける、身勝手な人間にならないことです。

葬式を出したくないのは、子供たちに負担をかけたくない、という思いからでしょう。遺族は、こうした故人の思いさえ理解していれば、必ずしも言う通りにせず、自分たちのできる範囲で、故人と別れを惜しむ式を行ってもいいのではないでしょうか。

Q22　夫婦二人きりだったので、寂しくて、連れ合いの遺骨を納骨しないままずっと家に置いておきたいのですが、いいのでしょうか。

日本の仏事は、じつは仏教だけでなく儒教の影響も強く、故人のためというよりは、生きている遺族のために考えられているともいえます。

遺骨は、必ずしも埋葬しなくてもよく、家に置いて構わないのですが、遺族が故人への未練を断ち切って、新しい人生へ踏み出せるように考えられたのが仏事です。どんなに寂しくても、辛くても、どこかで故人を断ち切るために、仏事を利用してはいかがでしょうか。

Q23　通夜や葬儀のときの席次はどう決めますか。

通夜は自宅で行う場合がほとんどなので、僧侶の後ろに喪主を最前列右端にして、左横へ子供、兄弟姉妹、親戚の順で並びます。しかし、葬儀では会場がまちまちなので、例えば大きなホールならば中心に通路を設けて右中心から喪主となりますが、自宅葬や狭い会場では、会葬者から顔が見える側に喪主や遺族が座るようにします。

つまり一般に葬式の席次には特別な決まりはなく、会場によって臨機応変に変えますが、臨済宗や曹洞宗では葬儀のとき、祭壇に向かって右が男性、左が女性に分かれることがあります。

親戚・隣組について

Q1　臨終に際して、家族以外の親戚が末期の水や死化粧をしてもいいでしょうか。

遺体にさわったり、死者に何かを施すのは、家族だけに許されることのように思えますが、臨終を迎え、大変なショック状態にある家族は、死の間際に末期の水を与えたり、目を閉じてあげたり、合掌させてあげたりすることに気づく余裕がありません。親戚や親しい間柄の人が冷静な判断のもとに、家族を助けてあげましょう。

Q2　葬式の経験がない遺族に代わって、伯父と伯母である自分たちが段取りをしてあげようと思いますが、いいのでしょうか。

親戚の、それも葬式を経験したことのある長老などは、どうしても不慣れな喪主の代わりになって、段取りをしてあげたくなるものです。

しかし葬式は、喪主の考え方を世に示す場でもあります。どんなに詳しい伯父、伯母や兄弟がいようとも、段取りと方針は必ず喪主が決めなくてはなりません。親戚の人たちは、たとえ喪主が若くて不なれであっても、その考えを尊重して補う立場に立ちましょう。

Q3　手伝いの必要はないと遺族に言われましたが、やっぱり親戚は家の中のことを手伝うべきではないですか。

葬式の手伝いに関しては、家族の意向に従いましょう。気になるときは、「できる限りお手伝いしますから、何でも言ってください」と一声かけておきます。

ただ、昔から葬式の手伝いは隣組がする、というように他人にまかせるものなので、親戚は遺族の心の支えになったり、自分たちの支度に専念した方がいいでしょう。

Q4　久しぶりに顔を合わせた親戚が、故人の眠っている前で歓談するのは、不謹慎なことですか。

通夜は遺族が故人と最後の別れを惜しむ夜です。しかし、必ずしもしめやかに行われればいいというものではありません。久しぶりに会った者同士、故人の思い出話に花を咲かせて、にぎやかく送ってあげるのも一つの方法です。

形式的に悲しみを表現したり、故人を誉めるよりも、楽しかった時代を語らうことこそ、故人への供養です。また、沈みがちな遺族の気持ちをもり立てることも、親戚や友人の重要な役割ではないでしょうか。

Q5　日頃から組の集まりに参加しない組内の家に不幸ができたことを知っても、何の依頼もなければ手伝いに出ず、黙認してしまっていいですか。

せめて葬式と災害のときだけは、日頃の付き合いと関係なく、手助けをするのが隣人の役目です。「村八分」は、仲間はずれにしても火事と葬式のときだけは助ける、という古い隣組精神を象徴した言葉ですが、たしかに日頃まわりとの付き合いを避ける家ほど、緊急のときに頼る人がいなくて困るものではないでしょうか。

組長や隣組の人は、必ず手助けが必要ないか、声を掛けてあげましょう。

Q6　菩提寺もなく、宗派も知らないという組内の人から、葬式の段取りも含めて相談を受けたのですが、組長は何をすればいいのでしょうか。

地区の寺に相談できればいいのですが、もし懇意でなければ、町の顔利きや事情通の人に相談して、地元に詳しそうな葬儀社を教えてもらうのが近道です。

いまは葬儀社が寺の手配もしてくれるので、宗派を問わず請け負ってくれる寺、会場を貸してくれる寺、菩提寺にならなくても葬式だけ請け負ってくれる寺など、喪家の希望に応じて選ぶことができます。

Q7　義父母の葬式では、嫁はどこに座ればいいのですか。

席次は基本的に、喪主、遺族、近親者の順です。喪主以下、血縁の濃い者から薄い者へと順に並びますが、兄弟が並ぶ場合は、嫁はそれぞれの主人の横へ座ります。ただし、長男でも家を継いでいるか、故人と同居していたかなど、事情はさまざまなので、兄弟姉妹でよく相談して決めましょう。

Q8　生前、故人がよく「私が死んだらあなたにあげる」と言っていた品を、事情を知らない遺族に、形見分けにくださいと申し出てもいいのでしょうか。

故人の持ち物は、いずれ整理しなければならないものなので、故人との思い出が残る品を手許におきたいと思えば、正直に申し出ても構いません。

ただ、形見分けはあくまで遺族の思いなので、故人の気持ちとは別に考えましょう。処分されそうなものはいいですが、遺族が使えそうなものは、差し控えた方がいいのではないでしょうか。

Q9　法事に招かれなくても、個人的に親しかったので参列したいと思うときは、申し出ていいものでしょうか。

法事は、故人の供養を理由に家族や親戚が集まる場でもあります。故人を弔いたい気持ちはあっても、身内の集まりに他人が顔を出すのは控えましょう。

お参りをしたいときは、菩提寺を家族に教えてもらい墓参りするか、訪問の許可を得て仏壇に焼香させてもらうようにします。

弔問客について

Q1　死の知らせだけは届いても、通夜や葬式の詳細がまったく分からないときは、どう問い合わせればいいのでしょうか。

例えば、知らせてくれた友人と連絡が取れなかったり、問い合わせようがないときは、故人の家の電話番号を調べ「ご葬儀に出させていただきたいのですが」と直接、詳細を尋ねて構いません。葬式のときは、だれかが必ず応対できるようになっているものです。

やむを得ないときは、故人や家族の勤め先などを思い出し、会社の総務部に問い合わせる方法もあります。

Q2　とくに故人や遺族と親しいとき、御香典以外に生花や供物を贈った方がいいですか。

ふつうは御香典だけでいいですが、故人や遺族のために祭壇を飾ってあげたいと思うときは、生花や籠盛りを贈ります。いまの祭壇は華やかなので、心を伝えたいときは、お悔やみの段階で枕花を贈るといいのではないでしょうか。

Q3　故人や遺族ととても親しかったので、ゆっくり最後のお別れがしたいのですが、一般弔問客がまだ来ない通夜の前などに訪ねてしまっていいのでしょうか。

遺体が寝ている間は、遺族は絶えず弔問を受けている状態なので、いつ訪ねても構いません。通夜の前は邪魔にならないかと思いがちですが、遺族も親しい人には、通夜の混雑以外の場で会いたいのではないでしょうか。

Q4　受付がない通夜のとき、御香典はいつ、どこに、どんな風に出せばいいのでしょうか。

最近の通夜は、午後6時か7時頃に始まり、10時頃には終了する半通夜が普通です。僧侶の読経が始まる前に到着できるよう時間を確かめ、焼香を済ませ、遺族に挨拶したら、長居をせずに帰ります。

受付がないときは、香典を祭壇に供えるか、遺族に渡しますが、遺族にとっては、香典を整理する関係上、直接渡してもらった方が助かります。

もし祭壇に供える場合は、香典の向きが喪主に渡すときと反対で、自分から見て正面、祭壇から見て逆向きにするので、注意しましょう。

はじめての弔問ならば、喪主か親しくしている遺族に「このたびは、お悪うございました」とか「さぞ、お力落としのことでしょう」などといたわり、力づける言葉をかけ、「ご霊前に差し上げてください」と香典を差し出します。なるべく言葉少なく、しめやかに振舞うようにしましょう。

Q5　通夜に喪服で行っていいものか判断がつかないときは、どうすればいいですか。

最近の通夜は喪服で行く人が増えましたが、葬儀も含めて、弔問に必ず黒の喪服を着る必要はありません。濃紺やダークグレーなどの改まった格好でいいのです。

普段着は避けるとしても、通夜の席に全員が喪服姿では少々堅苦しすぎ、形式的過ぎます。日常着ている黒や紺、グレーなどの服を、上手に組み合わせてみましょう。

Q6　通夜では、焼香と遺族へのお悔やみを済ませると、さっさと帰ってくるようにしていますが、それでいいのでしょうか。

通夜は自宅で行われることが多いので、弔問客があふれてしまいます。焼香はスムーズに流れるように配慮し、故人との別れ、遺族への悔やみを済ませたら、すみやかに帰りましょう。通夜は遺族が故人と最後に過ごすひとときでもあり、また看病から続く疲れも気遣ってあげなければなりません。

Q7　男性が腕に喪章をつけるときは、どういう場合ですか。

喪章は遺族や近親者のうち、未成年者だったり、都合で喪服に着替えられない人がつけるものです。身内以外は喪服でなくても、腕章はつけません。

Q8　葬儀や通夜に遅れて参列したり、途中退場したいときには、どのようにすれば失礼がないのでしょうか。

香典を渡し、焼香だけ済ませて帰るのはもっとも失礼です。遺族をなぐさめ、いたわることが通夜や葬儀の目的なので、遅れてきた人は、むしろ焼香などにこだわらず、棺や遺骨に対して手を合わせ、遺族に少しでも声をかける努力をしたいものです。その心があれば、入退場は臨機応変で構いません。

Q9　妊娠中は通夜や葬式に参列してはいけないものなのですか。

俗信として、生きている者に何かが取り付くのではないかと、死は忌み嫌われました。それで新しい生命にも取り付くことをおそれ、縁起が悪いと言われたのでしょう。

しかし仏教ではそんな考え方はありません。身内の不幸には妊娠中であっても出席したいと思うのは当然です。ただ、昔の人たちは妊婦の身体のことも気遣っていたのでしょう。長時間立っていたり、気候に関係なく行われる儀式なので、無理のないよう故人を見送りましょう。

Q10　家族ぐるみで付き合っている場合、弔問は代表者一人でいいですか。また、だれが行くものですか。

香典は主の名で一つにして構いません。夫同士、妻同士、子供同士とそれぞれに親しくしているときは、香典はいっしょでも、弔問はそれぞれ出掛けて、遺族に声をかけてあげたいものです。

Q11　どうしても葬式に参列できないとき、香典を現金書留で送っても失礼ではないですか。

香典は郵送しても構いません。現金書留に入る大きさの不祝儀袋を選び、「このたびは突然のことで、お悔やみ申し上げます。さぞ御無念のことと存じます。どうぞお力落としのないようになさってください」などという、お悔やみの手紙を必ず添えて送りましょう。

Q12　遺族との関係で弔問した通夜で、よく知らない死者との対面を促されたとき、断ってもいいものでしょうか。

あまりつながりのなかった死者との対面は、気が進まないものです。知っている人でも、変わり果てた姿は見たくないものです。

通夜の弔問では、焼香の人数が多いので、たとえ遺族に「どうぞ顔を見てやってくださ い」と言われても、自分の判断で対面を省くことができます。しかしお悔やみに駆けつけたときは単独なので「見てやってください」と言われれば断りにくいものです。

遺族との関係だけで弔問するときは、ふつう通夜と葬儀にします。お悔やみに駆けつけるほど親しければ、故人もよく知っている場合が多いですが、もし知らなくても、死者をともに見守ることが遺族への慰めになるので、断ることは避けましょう。

遺族の側も、弔問客が別れの対面を希望しない限り、対面を促すことは控える心遣いが必要です。

Q13 弔辞の書き方と奉呈の仕方を教えてください。

弔辞とは故人の死を悲しみ、悼み、故人を偲び、遺族を慰めるための言葉です。3分以内で終わるように書きます。内容は、哀悼の意を表す言葉で始まり、故人への語りかけの形をとって故人の人柄、業績、エピソードをおもな話題とし、遺族への励ましの言葉とともに、冥福を祈る言葉で終わります。

ただ、あまり形式にこだわらず、美辞麗句を使ったりせず、自分の言葉で気持ちを表現します。会葬者に故人の人となりを知ってもらうことも大切ですが、なにより遺族に喜んでもらえることを心掛けましょう。
市販されている蛇腹折りの弔辞用紙か、上質紙を使い、奉書紙で上包みして薄墨で「弔辞」と書きます。読み上げるときは上包みを開けて弔辞を取り出し、上包みの上に弔辞をのせて、開きつつ戻しながら読み上げます。終わったところで上包みに納め、祭壇から見て正面になるように向きを変え、祭壇に捧げます。

Q14　弔辞を書きたいのですが、自分から申し出ていいものですか。そのとき、どんなことに気をつけたらいいのでしょうか。

弔辞は故人や遺族に捧げる言葉で、祭壇に奉呈するのが基本です。弔辞を読む人は限られているので、読みたいと言うのは控えましょう。奉呈を申し出て、読んでほしいと依頼されたら読むようにします。
また、申し出は遅くても通夜までに遺族に伝えておきましょう。

Q15　告別式で焼香の順番がはっきりしないときは、率先して焼香を済ませるようにした方

がいいのですか。

葬儀の焼香は、血縁の近い順、つまり喪主、遺族、親族から、故人と親しい順、つまり友人、知人、一般の順になりますが、ふつう親族以降は座っている順に並びます。最近は進行係の案内があるのでその指示に従います。

自分の番が来たら、お先に、という意味で軽く黙礼して、混雑する場合は焼香を1回にする気遣いが必要です。

焼香を済ませたらすぐに帰る人が見受けられますが、焼香のあとは、遺族が出てくるのを待って言葉をかけるか、出棺の場合は合掌して棺を見送るのが礼儀です。

Q16　初めての宗教や宗派で、お参りの仕方が分からないときは、どうしたらいいのでしょうか。

通夜には、故人が寂しくないように一晩じゅう線香を焚き続け、見守ります。葬儀と告別式では、故人が他の死者の仲間入りをするために、別れを告げます。

宗教の違いはあっても、こうした死者への思いに違いはありません。大切なのは儀式ではなく故人への哀悼の念と冥福を祈る気持ちです。

仏式では手を合わせ、神式では柏手を打つという違いを踏まえた上で、故人に対し黙とうを捧げましょう。どんなに時間がなくても、棺を見送ることだけは欠かせぬ礼儀です。ときには、他の会葬者を真似することもいい方法です。

Q17　告別式で焼香を済ませたら、早々に帰ってしまってもいいものでしょうか。

告別式が終わると、そのあと七日の経があるとしても、必ず遺族はいったん外に出ます。一般弔問客は焼香のあと、遺族の顔を見て、慰めの言葉をかけてから、早めに帰ります。

Q18　告別式の後、七日の払いに招かれました。金包みの用意がないのですが、七日の払いのための「御仏前」は別に必要なのですか。必要だとしたら、その場でどうフォローしたらいいですか。

払いの席に「御仏前」が必要かどうかは、地域によってまちまちです。あらかじめ招待を受けていたら経験者に相談しますが、当日招かれて用意がないのに、他の人は用意しているような場合は、あせらず、その場はなしで通し、気になれば後日、命日や四十九日などを利用して渡します。

払いの席にあらためて包む必要はないという人も多いので、あまり気にせず、香典の額が少なかったと思えば、追加します。

Q19　精進落としや払いの膳に招かれたのですが、故人や遺族との関係がそれほど深くないので、断ってもいいのでしょうか。

招待を受けたら、なるべく出席してあげましょう。関係が深くないと自分は思っていても、遺族にとっては、故人を見送る夜をにぎやかに過ごしたい気持ちがあるのでしょう。できるだけ、遺族の気持ちを考えてあげるのが、会葬者の心得です。

Q20　不幸を知らずにいて、通夜も葬式も行けませんでした。あらためてご焼香させてもらうのに、いつ訪ねればいいのでしょうか。

四十九日まで、遺族は七日ごとに供養をしているので、それまでにお参りを済ませると、遺族も助かります。「御仏前」と花や菓子などの簡単な供物を持って訪ねます。必ず訪問の許可を電話でとってからにしましょう。

四十九日も間に合わなかった場合は、とにかく不幸を知った時点ですぐに電話を入れ、弔問にかけつけるようにします。

Q21　初盆見舞いは、金包みでは大袈裟なので、お菓子やお線香など供物を「御仏前」にしてもいいですか。

二十年ぐらい前までは、初盆の供え物はほとんど、金包みではなく線香や菓子、缶詰などでした。最近は物が豊富なせいでしょうか、御仏前は金包みが主流になり、供え物は少なくなりました。仏様に供えるという意味からいえば、線香や菓子だけでも、けっして失礼ではありません。

Q22　初盆にお参りしたいときは、あらかじめ電話等で知らせておいた方がいいですか。

お盆は先祖の霊が帰ってくるのを迎える行事です。初盆は、亡くなった人がはじめて家に帰るときなので、たくさんの人が来訪し、初盆の家も盆月に入ると、その準備を始めます。わざわざ電話をする必要はありませんが、遠方から訪ねるとか、会って挨拶をしたい家族がいるときは、電話で知らせておくのもいいでしょう。

冠婚葬祭　静岡県の常識

静新新書　006

2006年12月12日初版発行
2007年 2 月22日初版 3 刷発行

著　者／静岡新聞社
発行者／松井　　純
発行所／静岡新聞社
〒422-8033　静岡市駿河区登呂3-1-1
電話　054-284-1666

印刷・製本　図書印刷
・定価はカバーに表示してあります
・落丁本、乱丁本はお取替えいたします

ISBN4-7838-0328-5 C1239